MARCO  STURM

BAUHAUS
KOHO

DINO REISNER

MARCO STURM

the german rocket

Die Story des Eishockey-Superstars

COPRESS SPORT

Vorwort *6*

Von Erich Kühnhackl

Zu diesem Buch *8*

Die Anfänge *10*

Auf dem Weg zum Star *28*

Die Jahre in der NHL *70*

Polo

Vorwort

Von Erich Kühnhackl

Es war Mitte der Achtziger Jahre, als sich meine aktive Karriere dem Ende entgegen neigte und es mich Samstag- und Sonntagvormittag immer wieder zu Nachwuchsspielen des EV Landshut in die Halle trieb. Ich weiß gar nicht mehr genau, warum: War es einfach die Liebe zum Spiel? Oder war ich insgeheim auf der Suche nach den Stars von morgen? Es hat mir auf alle Fälle Spaß gemacht, zu sehen, mit welcher Freude die jungen Burschen über das Eis tollten.

Auch heute noch nehme ich regelmäßig bei Nachwuchsspielen auf der Tribüne Platz. Einen jungen Spieler wie damals habe ich aber bisher selten zu sehen bekommen. Es war meine erste Begegnung mit Marco Sturm. Er ist mir sofort aufgefallen, obwohl in der Kleinschülermannschaft andere einen Kopf größer waren als er. Aber die Art und Weise seiner Bewegungen haben mich fasziniert. Er war viel schneller als alle anderen auf den Beinen, seine Bewegungen waren von beispielloser Ästhetik und Geschmeidigkeit geprägt. Man konnte sofort erkennen, dass da einer heranwächst, der irgendwann einmal zu Höherem befähigt sein wird.

Im Herbst 1994 erhielt ich einen Anruf von seinem Vater Johann, den ich vom Sehen her kannte. Der EV Landshut hatte dem damals 16-Jährigen einen Profivertrag angeboten. Dafür hätte Marco allerdings seine Lehre abbrechen müssen. Sein Vater hatte kein gutes Gefühl dabei. Ich allerdings konnte ihn beruhigen. Ich hatte Marco bis dahin oft spielen sehen und war davon überzeugt, dass er alle Fähigkeiten besitzt, in diesem Sport eine berufliche Zukunft zu haben. Ich habe dem Vater gesagt, er bräuchte keinerlei Befürchtungen zu haben. Dass Marco drei Jahre später sogar in die NHL wechseln würde, daran war damals jedoch noch nicht zu denken.

Im gleichen Winter durfte ich Marco selbst trainieren. Als jüngsten Spieler des Turniers nahm ich ihn mit zur U 20-Weltmeisterschaft nach Red Deer in Kanada. Marco war gerade 16 Jahre alt geworden, seine Mit- und Gegenspieler drei, teilweise sogar vier Jahre älter als er. Einige Leute haben meine Entscheidung kritisiert und mich komisch angeschaut. Aber Marco hat durch seine Leistung überzeugt und ich wollte, dass er einen ersten Vorgeschmack auf das erhält, was ihn später im Profibereich erwartet: Er lernte die körperlich härtere Gangart der älteren und damit physisch überlegenen Gegenspieler kennen. Durch seine ausgeprägten technischen Fähigkeiten gelang es ihm, sich durchzusetzen.

Ehrlich gesagt habe ich damals nicht verstanden, warum Marco von seinem Heimatverein nicht schon früher in die Profimannschaft eingebaut wurde. Aber wenn ich lautstark gefordert hätte, einen 16-Jährigen einzusetzen, hätte man mich wohl für verrückt erklärt. Aus heutiger Sicht würde man mir vermutlich Recht geben.

Es erfüllt mich mit Stolz, dass ich ein klein wenig zu Marcos Entwicklung beitragen durfte.

War frühzeitig vom Können Marco Sturms überzeugt: Eishockey-Legende Erich Kühnhackl

Erich Kühnhackl, 53, wurde vom Fachblatt Eishockey NEWS zum deutschen Jahrhundertstürmer gekürt. Zwischen 1968 und 1985 bestritt er für den EV Landshut und den Kölner EC 773 Bundesliga-Spiele, in denen er 725 Tore erzielte. In 211 Länderspielen kam »der Lange« auf 131 Treffer. 1976 gewann er bei den Olympischen Winterspielen in Innsbruck mit der deutschen Mannschaft die Bronzemedaille, bei der WM 1978 in Prag und bei Olympia 1984 in Sarajewo wurde er Scorerkönig. Bei den WM-Turnieren 1990 in der Schweiz und 1991 in Finnland betreute er die deutsche Auswahl als Bundestrainer.

Heute arbeitet Erich Kühnhackl als Trainer beim Zweitligisten Eisbären Regensburg und TV-Experte für den Münchner Abo-Sender Premiere.

Zu diesem Buch

Und schon wieder eine Biographie eines bekannten Sportlers, von denen in den vergangenen Monaten doch so viele den Markt überschwemmten, werden Sie denken.

Plauderte mit Autor Dino Reisner über seine Karriere und sein Seelenleben: Eishockey-Star Marco Sturm

Das vorliegende Buch »Marco Sturm – The German Rocket« allerdings ist anders. Es beinhaltet keine Effekthascherei und keine künstlich konstruierten Skandale. Es geht zurück zu den Wurzeln – und das gleich im doppelten Sinne. Es erzählt in einer heutzutage bei vielen Medien leider nicht mehr erwünschten Seriosität und Sachlichkeit die Geschichte des besten deutschen Eishockey-Spielers der Gegenwart von den Anfängen im Eishockey-Kindergarten in Dingolfing bis hinauf in die NHL, der besten Liga der Welt.

Dieses Buch richtet sich in erster Linie an Eishockey-Fans und junge Sportler. Es zeichnet nach und zeigt auf, was man mit einer Mischung aus Talent, eisernem Willen, Fleiß und Mut erreichen kann. Marco Sturms Karriere ist beeindruckend: Mit 16 Jahren debütierte er in der DEL, mit 17 im Nationalteam, mit 18 spielte er in der NHL, mit 19 wurde er fürs All Star Game nominiert.

Seit mittlerweile sieben Jahren steht der Niederbayer in Kalifornien bei den San Jose Sharks unter Vertrag und begeistert dort die Fans mit seinem Spielwitz, seinem

Torinstinkt und seiner Schnelligkeit. »This guy can fly« – dieser Junge kann fliegen, sagen die Amerikaner. Auf Grund seiner Schnelligkeit nennen sie ihn auch »The German Rocket«, die deutsche Rakete, so auch der Titel dieses Buches. Mittlerweile ist er nach »Dienstjahren« der zweitälteste Spieler des Klubs.

Marco Sturms Karriere verlief aber nicht immer wie aus dem Bilderbuch. Mitte der Neunziger Jahre geriet er mitten hinein in die Streitigkeiten zwischen Dachverband DEB und Profiliga DEL, die damals dem deutschen Eishockey schweren Schaden zufügten, und durfte nicht an der Junioren-WM teilnehmen. Von Ex-Bundestrainer George Kingston wurde er 1996 vor dem World Cup als letzter Spieler aus dem Kader gestrichen. Von Landshuts Trainer Timo Sutinen wurde er auf die Bank verbannt, weil er zwischenzeitlich an einem Trainingscamp der Sharks teilgenommen hatte.

1999 zog er sich eine schwere Virusinfektion zu, die ihn fast eine ganze Saison lang behinderte. 2003 verpasste er mit San Jose die Teilnahme am Play off und konnte wegen fehlenden Versicherungsschutzes nicht an der WM in Finnland teilnehmen. Im Frühjahr 2004 brach er sich das Wadenbein, was ihm die Teilnahme am Play-off-Halbfinale um den Stanley Cup kostete. Marco Sturm hat sich von all diesen Rückschlägen aber nicht unterkriegen lassen. Er hat sie als neue Herausforderung angesehen und daraus Stärke gewonnen.

Im Spätsommer 2004 kann man den besten deutschen Eishockey-Spieler der Gegenwart erstmals seit der WM 2001 endlich wieder einmal auf heimischen Eisflächen in Aktion bewundern: Mit der Nationalmannschaft nimmt er in der Kölnarena am Turnier um den World Cup teil.

Viel Spaß beim Lesen wünscht Ihnen

Dino Reisner
im August 2004

Die Anfänge

Hätte Johann Sturm damals, im Herbst 1982, nicht dem Drängen seines vierjährigen Sohnes nachgegeben: Aus Marco Sturm wäre möglicherweise nie der beste deutsche Spieler der Gegenwart und Star in der nordamerikanischen Profiliga NHL geworden. Johann Sturm war seinerzeit ambitionierter Crossfahrer, 1979 sogar Deutscher Meister im Sandbahnrennen (Seitenwagen). In seiner Freizeit besuchte er oft den Kraftraum und hütete das Tor einer Eishockey-Hobbymannschaft namens »Isar Haie«. Weil Ingrid Sturm nicht jeden Abend auf den kleinen Marco und dessen sieben Jahre alte Schwester Nicole aufpassen wollte, gab sie den Filius einfach dem Vater mit an die Hand. »Während wir trainierten, saß Marco draußen, hat ständig gequengelt und wollte unbedingt aufs Eis«, erinnert sich der heute 49-Jährige. Nach dem Training folgten Marco Sturms erste Schritte auf der Oberfläche, die später für ihn die Welt bedeutete: In Turnschuhen flitzte der Zwerg über die Eisfläche und trat mit den Füßen gegen die herumliegenden Pucks. Zwei Wochen später kaufte ihm sein Vater Schlittschuhe und meldete ihn in der Jugendabteilung des EV Dingolfing an.

Die erste Mannschaft des EVD hatte damals mit ihren Erfolgen einen Eishockey-Boom in der 18 000 Einwohner zählenden BMW-Stadt ausgelöst. Mitte der Achtziger Jahre klopfte das Team sogar am Tor zur Zweiten Bundesliga an. Die wenige Jahre zuvor neu erbaute Eishalle war eine der beliebten Begegnungsstätten in der niederbayerischen Kleinstadt. Auch Elfriede Goldmann schaute damals regelmäßig in der Halle vorbei, um ihren Sohn Erich beim Training zu beobachten. Elfriede Goldmann hatte ihren Filius kurz zuvor in der Nachwuchsabteilung des Eislauf-Vereins im benachbarten Landshut angemeldet und bot an, den jungen Marco mitzunehmen. Johann Sturm sagte zu, zumal er über von der Qualität der Dingolfinger Nachwuchsförderung wenig überzeugt war: »Das war nichts Gescheites. Da haben die Fünfjährigen gemeinsam mit den Zwölfjährigen trainiert.«

Mit vier Jahren schon auf dem Eis

Im Frühjahr 1983 nahm Marco Sturm erstmals an den Übungsstunden in der Anfängergruppe des EVL teil. Geduldig brachte ihm dort Trainer Helmut Urban die Grundtechniken des Eishockey-Sports bei. »Am Anfang wurde uns erst einmal richtiges Schlittschuhfahren beigebracht«, erinnert sich Marco Sturm. »Wir haben uns auf Stühlen abgestützt und sind so über die Eisfläche gekurvt.« Nicht lange gehörte der vierjährige der Anfängergruppe an. Schon mit Beginn des kommenden Winters holte ihn Walter »Gock« Auhuber, Bruder des Ex-Nationalspielers Klaus Auhuber, in die von ihm trainierte Kleinstschülermannschaft, in der auch der zwei Jahre ältere Erich Goldmann spielte. »Der Trainer hat sofort gemerkt, dass Marco gut mit dem

Schläger umgehen kann und sicher in den Schlittschuhen stand«, erinnert sich Johann Sturm. Fortan bildeten die Familien Sturm und Goldmann für ihre Söhne eine nahezu tägliche Fahrgemeinschaft ins 30 Kilometer entfernte Landshut.

»Die Fahrt war schon wie ein Aufwärmen für uns«, blickt Erich Goldmann zurück. »Wir haben uns auf dem Rücksitz aufgeführt ohne Ende. Und wenn wir gut trainiert haben, wurde auf der Rückfahrt als Belohnung bei Mc Donald's Halt gemacht – das war damals für uns noch etwas ganz besonderes, weil es in Dingolfing noch keinen gab.« Schon früh bescheinigten Mitspieler und Fachleute Marco Sturm eine überdurchschnittliche Begabung für den Eishockeysport. »Sein Talent war schon damals absehbar«, sagte Mitspieler Erich Goldmann. »Man hat gesehen, dass er einfach was drauf hat.«

Von Kindesbeinen an Seite an Seite: Marco Sturm (ganz rechts) und Erich Goldmann (Zweiter von rechts), später ebenfalls Nationalspieler

Eishockey war aber nicht die einzige sportliche Leidenschaft des jungen Marco Sturm: Er versuchte sich auch im Fußball, Motocross und später im Tennis. Großvater Johann Sturm senior war Vorsitzender des Motorsportclubs Dingolfing, dem auch Vater Johann angehörte. Bereits mit drei Jahren saß Marco Sturm erstmals auf einem Motocross-Bike und schloss sich der Jugendgruppe des MSC Dingolfing an. Mit fünf Jahren trat er – in Deutschland nichts außergewöhnliches – dem Fußball-Club bei. Als Boris Becker 1985 sensationell das Turnier in Wimbledon gewann, wurde auch der damals sechsjährige Marco Sturm vom Tennis-Virus, der die gesamte Republik erfasste, infiziert und schloss sich der Jugendabteilung des TC Dingolfing an. »Eishockey, Fußball, Tennis – ich habe damals oft gedacht, das ist des Guten zu viel und habe das Gespräch mit einem befreundeten Arzt gesucht, ob Marco sich nicht überlastet«, erinnert sich Johann Sturm. »Der Arzt hat jedoch gesagt: Lass den Jungen sich austoben, bis er 14 ist. Erst dann sollte er sich festlegen.«

Erste Begegnung mit der NHL

Bei den Heimspielen der Landshuter Bundesliga-Mannschaft war der junge Marco Sturm ständiger Tribünengast. Zwei Spieler, die es ihm sofort angetan hatten, waren die beiden kanadischen Stürmer Craig Laughlin und Paul Gagne. Beide gehörten einst zu den Spitzenspielern in der NHL und ließen ihre Karriere Ende der Achtziger, Anfang der Neunziger im Niederbayerischen ausklingen. Im Herbst 1994, die NHL erlebte gerade ihren ersten Arbeitskampf und die Klubbesitzer sperrten die Profis drei Monate lang aus, bekam der damals 16-Jährige mit Pavel Bure, in der Saison zuvor Topscorer von Stanley Cup-Finalist Vancouver Canucks, auch einen der damaligen Superstars der Liga zu sehen. Oder doch nicht ganz. Für ein Spiel, gegen Schlusslicht EHC Eisbären Berlin, sollte der Russe das EVL-Trikot tragen. Ausgerechnet am gleichen Tag war für die Landshuter Juniorenmannschaft ein Auswärtsspiel in Geretsried angesetzt.

Wenige Minuten vor Spielende trafen die Jugendlichen am Eisstadion ein, stürmten hastig aus dem Mannschaftsbus, rein ins Stadion. Zu sehen bekamen sie jedoch nichts mehr. »Das Stadion war bis auf den letzten Platz gefüllt«, erinnert sich Marco Sturm. »Da war kein Platz mit freier Sicht mehr zu kriegen.« Dafür studierte er die folgenden Auftritte des damals einzigen deutschen NHL-Profis Uwe Krupp, der fünfmal für die Cannibals spielte, um so intensiver: »Ich habe mir lange überlegt, ob ich von ihm ein Autogramm verlangen soll, habe mich dann aber doch nicht getraut. Und nach einem gebrauch-

Johann Sturm – Vater und erster Berater

Marco Sturm war familiär vorbelastet, als er die Eishockey-Laufbahn einschlug. Sein Vater Johann hütete jahrelang das Tor der Hobbymannschaft »Isar Haie« und stand Mitte der Achtziger Jahre sogar für zwei Spiele als Reserve-Goalie im Kader des damaligen Oberligisten EV Dingolfing. »Wir waren schon immer eine sportbegeisterte Familie«, sagt Johann Sturm. Die große Leidenschaft des Niederbayern war jedoch der Motorsport: Sein gleichnamiger Vater war Vorsitzender des Motorsport-Clubs (MSC) Dingolfing und Johann junior wurde 1979 sogar Deutscher Meister im Sandbahnrennen (Seitenwagen). In jedem Frühjahr arbeitet der heute 49-Jährige im Organisationskomitee des Rennen um den »Silbernen Schwammerling« in Dingolfing, einem der bedeutendsten internationalen Sandbahnwettbewerbe.
In den beiden ersten Profijahren von Marco Sturm kümmerte sich Johann Sturm auch um dessen Interessen. Noch heute berät er seinen Sohn in geschäftlichen Angelegenheiten wie dem Bau des Ärztezentrums in Dingolfing oder der Gründung der Wohltätigkeitsorganisation »Marco Sturm e.V.«. Neben seinem Beruf als Kaufmann ist Johann Sturm nebenberuflich als Spielerberater tätig. Rund 15 aus dem niederbayerischen Raum stammende Talente wie DEL-Neuling Dominik Hammer (Kassel Huskies) und Markus Hundhammer (EV Landshut) zählen ebenso zu seinem Klientenstamm wie die Kanadier Mike Kennedy (zuletzt Adler Mannheim), Shane Peacock oder die Ex-Nationalspieler Heiko Smazal (beide Hamburg Freezers) und Christian Künast (Hannover Scorpions).

ten Schläger fragen brauchte ich auch nicht: Uwe Krupps Schlägerkrümmung war auf der anderen Seite als bei mir.«

Marco Sturms Sportlerleben selbst war begleitet von Erfolgen: Er gewann die Vereins- und Dingolfinger Stadtmeisterschaft im Tennis, war als Libero Leistungsträger in der C- und D-Jugend des FCD, mit dem er Kreismeister wurde. »Marco hatte für alles, was mit einem Ball oder dergleichen zu tun hatte, ein unheimlich gutes Auge. Er konnte das Spiel lesen«, sagt sein Vater.

Landshuter Eishockey-Idole unter sich: Alois Schloder (rechts) ehrt den 13-jährigen Marco Sturm

Marco Sturms Vorbild war damals allerdings nicht, wie bei fast allen anderen Jugendlichen, Boris Becker, sondern der Amerikaner Andre Agassi. »Er wollte immer dessen neueste Kollektion haben«, erinnert sich Johann Sturm. Auch Jugendfreund Erich Goldmann gehörte damals der Nachwuchsabteilung des TCD an. Die Spielstärke der beiden Eishockey-Cracks war in etwa gleich stark. »Unsere Duelle waren damals so verbissen«, erinnert sich Erich Goldmann, »da ist fast immer jemand mit aufgeschlagenen Knien oder sonstigen Wunden vom Platz gegangen. Unsere Spiele hatten auf der Anlage sogar Kultstatus: Es kamen immer einige ältere Herrschaften und schauten zu.«

1987 wurde Marco Sturm sogar für einen Lehrgang der Bayernauswahl im Tennis eingeladen, eine Terminüberschneidung mit dem Eishockey ließ die Teilnahme aber nicht zu. Die Kleinschüler- und Knabenmannschaft des EVL stritten förmlich um das Mitwirken des Torjägers. Und Marco Sturm konnte schon damals nur schwer nein sagen – eine Charaktereigenschaft, die er bis heute behielt. Von den Nachwuchstrainern des EVL wurde er zusätzlich zu seiner Altersklasse immer in die nächsthöhere Mannschaft eingebaut. Mit zehn Jahren spielte er außerdem bei den 12- und 13-Jährigen, mit 14 bei den 16-Jährigen und so weiter.

Der erste Meistertitel

Nicht selten ergaben sich Terminüberschneidungen wie im Winter 1987/88, als er mit der Kleinschülermannschaft an einem Wochenend-Turnier im oberbayerischen Geretsried teilnehmen sollte. Am Samstagnachmittag stand allerdings auch für die Knabenmannschaft ein wichtiges Heimspiel auf dem Programm. Also stürmte der damals Neunjährige vormittags für die Kleinschüler, schoss am Nachmittag seine Tore für die Knaben und stand am Sonntagvormittag schon wieder in Geretsried auf dem Eis. »Beide Altersstufen wollten immer, dass er bei ihnen mitspielt«, entsinnt sich Wolfgang Dylla, Marco Sturms Trainer im Schüler- und später auch Jugendbereich. »Da gab es immer viel Ärger. Für uns Trainer war es nicht einfach, das immer so zu koordinieren, dass es klappt.« Ein anderes Mal waren für den gleichen Tag zunächst ein wichtiges Fußballspiel für die C-Jugend des FC Dingolfing und wenige Stunden später ein Eishockey-Match des Landshuter Schülerteams angesetzt. Marco Sturm stand bei beiden Spielen auf dem Feld: »Um mich beim Fußball nicht zu sehr zu verausgaben, habe ich mich ins Tor gestellt.«

Selbstbewusst: Marco Sturm mit 14

Mit der Knabenmannschaft durfte Marco Sturm seinen ersten Meistertitel bejubeln. Souverän holten sich die Schützlinge des Trainergespanns Christian Vogl/Helmut Urban den bayerischen Titel, gewannen 28 von 30 Spielen und standen schon fünf Spieltage vor Saisonende als Meister fest. Es hätte wohl zu höheren Weihen gereicht. Doch der Knaben-Pokal, einst Aufeinandertreffen der verschiedenen Landesmeister und als inoffizielle deutsche Meisterschaft betrachtet, wurde zwei Jahre zuvor aus dem Programm genommen.

Als Trainer, von dem er im Nachwuchsbereich am meisten profitierte, nennt Marco Sturm heute Wolfgang Dylla: »Unter ihm habe ich den größten Sprung nach vorne gemacht.« Dylla eilte damals der Ruf eines Trainers von der Art »harter Hund« voraus und er war es auch, der Marco Sturm auf den richtigen Weg brachte. »Als Marco als Zwölfjähriger in meine Schülermannschaft gekommen ist, war er sogar etwas pummelig«, berichtet Dylla, der später als Co-Trainer der Landshuter Bundesliga-Mannschaft und Cheftrainer beim Zweitligisten EHC Straubing tätig war. »Vor allem für Übungen außerhalb des Eises war Marco damals wenig empfänglich.« Die Einstellung änderte sich jedoch, als er regelmäßig am Training der Jugendmannschaft teilnahm. »In diesem Jahrgang«, so Dylla, »waren einige Spieler, die von der Leistungsstärke her Marco überlegen waren, wie etwa Alexander Serikow, Marco Eltner, Erich Goldmann, Markus Welz oder mein Sohn Eric. Das hat Marcos Ehrgeiz angestachelt, da wollte er unbedingt mithalten.«

Deutscher Meister 1991 mit der Landshuter Jugendmannschaft. Marco Sturm in der zweiten Reihe, Vierter von rechts

1991 mit der Schüler- und ein Jahr später mit der Jugendmannschaft gewann Marco Sturm jeweils die deutsche Meisterschaft. »In der Saison 1990/91 sind wir komplett ungeschlagen geblieben – sogar in Freundschaftsspielen gegen tschechische Mannschaften aus Prag und Budweis, und das will was heißen«, berichtet Dylla, der heute mit dem Eishockeysport abgeschlossen hat und als Versicherungskaufmann in Ergolding arbeitet. 1992 gewannen die jungen Landshuter die Meisterschafts-Endrunde in Düsseldorf. Marco Sturm und Erich Goldmann nutzten die Gelegenheit, um sich ein Bundesligaspiel der DEG an der Brehmstraße, damals das Mekka des deutschen Eishockeys, anzuschauen. Aus Begeisterung kauften sich beide Fantrikots der DEG.

Die Jugendtrainer des EVL wussten den außergewöhnlichen Ehrgeiz und das Engagement des Dingolfingers zu würdigen. Als vorbildlichster Nachwuchsspieler des Vereins wurde er vor dem Bundesliga-Heimspiel gegen Kaufbeuren mit dem »Alois-Schloder-Pokal« ausgezeichnet. Der vom ehemaligen Nationalspieler gestiftete Preis wird in jedem Jahr an den Nachwuchsspieler verliehen, der in allen Bereichen des Eishockeysports als Vorbild auftritt.

Ausflug zum Eisschnelllauf

Der Bewegungsdrang von Marco Sturm und Erich Goldmann kannte keine Grenzen. Im Sommer 1991 radelten beide die 30 Kilometer nach Landshut ins Eishockey-

Training. Da sich beide dadurch noch nicht ausgelastet fühlten, spielten sie noch ein Tennis-Doppel gegen ihre damaligen Mannschaftskameraden Markus Welz und Eric Dylla, beide heute Leistungsträger im Zweitliga-Team des EV Landshut, und gingen erst anschließend aufs Eis. Ein anderes Mal bekamen sie dann doch ihre Grenzen vor Augen geführt: Wiede-

Erich Goldmann: NHL-Profi für 50 Minuten

Ohne seinen zwei Jahre älteren Jugendfreund Erich Goldmann, heute ebenfalls Nationalspieler, wäre Marco Sturm wohl nie zum Eishockey gekommen und ein Star in der NHL geworden. Erich Goldmanns Weg zum Eishockey war vorgezeichnet: Sein gleichnamiger Vater war Abteilungsleiter des EV Dingolfing. Im Alter von vier Jahren trat er dem EV Landshut bei, bis 1992 spielte er in verschiedenen Jugendmannschaften gemeinsam mit Marco Sturm.

Nach einer Saison in der Landshuter Bundesliga-Mannschaft verließ er 1994, als 18-Jähriger, seinen Heimatklub und heuerte gemeinsam mit seinem Mannschaftskameraden David Musial und dem damaligen EVL-Assistenztrainer Lance Nethery beim DEL-Klub Adler Mannheim an. Zwei Spielzeiten verbrachte Erich Goldmann in der Quadratestadt, wo er auch sein Abitur machte. 1996 kehrte er nach Bayern zurück und heuerte bei den Kaufbeurer Adlern an.

Bei der WM 1996 in Wien wurden Scouts aus der NHL auf den 1,91-Meter-Hünen aufmerksam. Beim Draft im gleichen Jahr sicherten sich die Ottawa Senators seine Dienste. Für Erich Goldmann kam das Interesse aus Nordamerika überraschend. »Ich wusste nicht einmal, dass Draft war und habe erst Tage später in Eishockey NEWS gelesen, dass ich gezogen wurde.« Als er nach einer Saison in Kaufbeuren kein neues Vertragsangebot mehr erhielt, machte der Verteidiger aus der Not eine Tugend und wechselte nach Übersee. »Nach dem Bosman-Urteil waren einheimische Spieler in der DEL unerwünscht«, berichtet Erich Goldmann. »In Nordamerika habe ich bessere Entwicklungschancen gesehen. Die Chance, in die USA zu gehen, hat man wahrscheinlich nur einmal in seinem Leben.«

Bei den Senators unterschrieb der Dingolfinger einen Drei-Jahres-Vertrag, konnte sich aber nicht etablieren und wurde nach dem Trainingscamp abgeschoben. Zwei Jahre tingelte er durch die Minor Leagues, spielte dabei für sieben Clubs in sechs verschiedenen Städten: Für Detroit, Grand-Rapids und Cincinnati Cyclones in der IHL, für Worcester, Cincinnati Mighty Ducks und Hershey in der AHL sowie für Dayton in der ECHL. Durch keine Unabwägbarkeit ließ sich der ehrgeizige Verteidiger von seinem Traum, einmal in der NHL zu

spielen, abbringen. Im November 1999 kam er im Spiel gegen die Nashville Predators tatsächlich bei den Senators in der NHL zum Einsatz, zog sich aber zehn Minuten vor Spielende einen doppelten Bänderriss zu.
Im Jahr 2000, kurz nachdem er mit dem Nationalteam in Kattowitz B-Weltmeister wurde, kehrte er Erich Goldmann nach Deutschland zurück und unterschrieb einen Zwei-Jahres-Vertrag bei den Moskitos Essen. Nach zwei Jahren im Ruhrgebiet spielte er einen Saison bei DEL-Aufsteiger ERC Ingolstadt, ehe er 2003 wieder in den Westen wechselte und sich den Iserlohn Roosters anschloss. An der Universität Essen nahm er zugleich sein Medizinmanagement-Studium auf.
Inzwischen nahm Erich Goldmann an sieben Weltmeisterschaften und den Olympischen Winterspielen 1998 in Nagano und 2002 in Salt Lake City teil. Noch heute treffen sich die Jugendfreunde in der Eishockey-freien Zeit im Sommer in Landshut regelmäßig zu Grillabenden oder Golfspielen.

rum fuhren sie zum Training mit dem Rad nach Landshut, absolvierten im Fitnessstudio noch eine Einheit Krafttraining, mussten aber nach dem Eishockey-Training erkennen, an ihre körperliche Belastungsgrenze gestoßen zu sein. Die geplante Rückfahrt mit dem Rad nach Dingolfing fiel aus. Kleinlaut rief Marco Sturm bei seinen Eltern an und bat um Abholung: »Wir sind damals vor Erschöpfung fast umgefallen.«

Im Winter 1990/91 wurde der junge Dingolfinger erstmals in die U-13-Auswahlmannschaft des Bayerischen Eissport-Verbandes (BEV) berufen. »Wir hatten ein sehr gut funktionierendes Sichtungssystem«, erinnert sich Franz Fritzmeier, damals hauptamtlicher BEV-Nachwuchstrainer und heute Sportdirektor des DEL-Klubs Krefeld Pinguine. »Der Name Marco Sturm war uns schon ein Begriff, als er neun Jahre alt war.« Im Frühjahr 1991 gewann der junge Dingolfinger mit dem BEV-Team gegen die Auswahlmannschaften aus Baden-Württemberg, Tessin, Bern und Südtirol das Turnier um den »Bayerischen Löwen« in Bad Tölz. »Ich erinnere mich gerne noch heute an die Zeit mit Marco Sturm zurück«, berichtet Fritzmeier. »Er war ein Pfundskerl, auf und außerhalb der Eisfläche.« Vor allem der Ehrgeiz imponierte dem Eishockey-Lehrer: »Marco hat nie einen Lehrgang ausgelassen, auch wenn er angeschlagen war. Er hatte immer Angst, dass er nicht mehr berücksichtigt wird, wenn er mal fehlt. Diese Angst war jedoch unbegründet. Wir hätten ihn auch mit einem Gipshals mitgenommen.«

Einmal stellte Fritzmeier den Ehrgeiz seines Schützling auf eine Bewährungsprobe: Unmittelbar vor dem ersten Spiel beim Schüler-Länderpokal mit den U-15-Auswahlmannschaften 1992 in Berlin klagte Marco Sturm über Rückenbeschwerden. Mit den Worten »Trainer, ich kann mich nicht einmal mehr beugen, um mir die Schlittschuhe zu binden« suchte er Fritzmeier in dessen Trainerraum auf. Der Coach antwortete: »Das Schlittschuhbinden können wir für Dich machen, aber ob Du spielen kannst, musst Du selbst entscheiden.« Tatsächlich ließ sich der 13-Jährige von einem Betreuer die Stiefel schnüren und ging aufs Eis. »Marcos vorbildliche Einstellung hat eine derartige Gruppendynamik in die Mannschaft gebracht«, erinnert sich Fritzmeier, »dass wir das Turnier souverän gewonnen haben.«

Die Eishockey-Erfolge des Dingolfingers blieben auch den Schullehrern nicht verborgen. Im Februar 1991 wurde der damals Zwölfjährige für die Schulmannschaft im Eisschnellauf nominiert. Souverän gewann er mit der Hauptschule Dingolfing die niederbayerische Bezirksmeisterschaft seiner Altersklasse (Geburtsjahrgänge 1975 bis 1979). Bei der bayerischen Meisterschaft in Inzell mussten die jungen Dingolfinger allerdings die Überlegenheit der oberbayerischen Hochburgen anerkennen und standen gegen die Volks- und Hauptschulen aus Inzell und Grafing auf verlorenem Posten.

Die Chancenlosigkeit hatte aber auch einen guten Grund: Während die jungen Burschen aus Inzell und Grafing in Eisschnelllaufschuhen ihre Runden drehten, waren Marco Sturm und seine Schulfreunde weniger »professionell« ausgestattet: Sie versuchten, in ihren Eishockey-Schlittschuhen mitzuhalten, was selbstverständlich nicht klappte. Lehrer Joachim Wamus wollte vor dem Vergleichswettkampf Marco Sturm, seinem schnellsten Läufer, in einem Sportgeschäft noch Eisschnelllaufschuhe besorgen. Der Zwölfjährige stellte sich allerdings quer und weigerte sich, den Lehrer zum Kauf zu begleiten: »So etwas ziehe ich nicht an.«

Erstmals im Nationalkader

1992 wurde erstmals der Deutsche Eishockey-Bund (DEB) auf das damals 14 Jahre alte Talent aufmerksam. Marco Sturm war Kapitän der bayerischen U-15-Auswahl, die bei einem Sichtungsturnier des DEB gegen die Auswahlmannschaften aus Nordrhein-Westfalen und Baden-Württemberg spielte. Georg Kink, seinerzeit Jugend-Bundestrainer und heute Cheftrainer beim Oberligisten EHC München, lud den Heranwachsenden umgehend in den Nationalkader ein. Zwei Monate später gab der junge Marco Sturm bei einer Gastspielreise durch die Slowakei sein Debüt in der U-16-Nationalmannschaft. Dort schoss er auch sein erstes Länderspieltor. Michael Pfuhl, damals wie heute Nachwuchsreferent des DEB, erinnert sich: »Marco wusste bereits in jungen Jahren, was er wollte. Ich habe vor und nach ihm nie mehr einen Spieler kennengelernt, der derart hart, zielstrebig und verbissen auf sein Ziel Eishockey-Profi hingearbeitet hat, wie er. Höchstens Dennis Seidenberg war ein ähnlicher Fall.« Auch der Schwenninger Seidenberg ist heute NHL-Profi bei den Philadelphia Flyers.

Schon im darauf folgenden Winter, als 15-Jähriger, wurde das Talent aus Niederbayern zum Kapitän des U-16- und später des U-17-Teams bestimmt. »Das war ein ausgesprochen guter Jahrgang«, erinnert sich Trainer Kink gerne an die damalige Zeit zurück. »Auch Andreas Morczinietz, Robert Francz und Markus Pöttinger haben sich als Stammspieler in der DEL etabliert. Aber Marco war der beste von ihnen. Er war schon in jungen Jahren ein Leadertyp, einer, der bei seinen Mannschaftskameraden nicht nur wegen seiner Leistung auf dem Eis gut ankam und seine Mitspieler gut mitziehen konnte.«

Einmal war aber auch der junge Kapitän überfordert. »Es gab eine Gruppe von aufmüpfigen Spielern aus Weißwasser, die immer genau das Gegenteil von dem gemacht haben, was ich als Trainer angeordnet habe. Als sich die Mannschaft vor einem Spiel auf dem Parkplatz warm gemacht hat, haben sie boykottiert und sind einfach in der Kabine geblieben. Ich habe Marco reingeschickt, um deren Streik zu beenden. Aber das gelang auch ihm nicht. Und das wollte damals schon was heißen.« Nacheinander gewann die deutsche Mannschaft um Marco Sturm Turniere in Finnland und Norwegen. Bei letzterem kam es beinahe zum Eklat. Die Mannschaftskabinen waren nur durch provisorische Sichtblenden voneinander abgetrennt. Nach dem 3:3-Untentschieden gegen die Auswahl der Schweiz, das den Kink-Schützlingen zum Turniersieg reichte, fielen die jugendlichen Eidgenossen mit üblen Schmähgesängen (»Lieber ein Verlierer sein, als ein deutsches Nazi-Schwein«) aus der Rolle. Dem jungen Marco Sturm und einigen Mitspielern platzte fast der Kragen. Sie wollten auf die Schweizer losgehen und das Faustrecht sprechen lassen. Trainer Georg Kink und der Betreuerstab konnten die Spieler im letzten Moment zurückhalten. Und Marco Sturm stimmte als Antwort auf den Schmähgesang der Schweizer lautstark an: »Lieber ein Gewinner sein, als ein armes Schweizerlein.«

Bei seinem Heimatverein in Landshut wurde der Auswahlstürmer derweil aus dem Jugendteam in die nächsthöhere Altersklasse, das Juniorenteam befördert. Auch von einer schweren Schulterverletzung (er kugelte sich das Gelenk aus) ließ er sich nicht aus der Bahn werfen. Nach nicht einmal vier Wochen Pause und entgegen dem Rat der Ärzte stand er schon wieder auf dem Eis. Der Kanadier Mark Stuckey, Co-Trainer der Landshuter Profi-Mannschaft und hauptamtlicher Juniorencoach, verglich den 15-Jährigen bereits mit einem der EVL-Stars: »Er spielt wie Mike Bullard.« Bullard war damals Torschützenkönig der Bundesliga.

Unter den zunehmenden Belastungen im Eishockey litten jedoch seine schulischen Leistungen. Nacheinander hatte Marco Sturm schon seine Aktivitäten im Motocross, Fußball und Tennis gedrosselt und trat aus den Vereinen aus. »Alles miteinander ging nicht mehr«, erinnert er sich heute. »Ich musste mich entscheiden, und es war für mich keine Frage, dass die Wahl auf Eishockey fiel. Denn da war ich am besten.« Nur in der Fußball-Schulmannschaft trat er noch gegen den Ball. Trotzdem häuften sich die Fehltage in der Schule, weil das heranwachsende Eishockey-Talent zusätzlich zu den Lehrgängen der U-16-Nationalmannschaft auch zu jenen der U 18 eingeladen wurde – und diesen auch folgte. Dass es zu keinem Problem mit dem Direktorat kam, hatte Marco Sturm seinem Klassenlehrer Ferdinand Schmidt, einem

Schulfreund von Vater Johann Sturm und Trainer der Fußball-Schulmannschaft, zu verdanken. »Ihm hatte ich damals unheimlich viel zu verdanken. Er hat mich unterstützt, wo es nur ging und sich beim Direktorat immer für Befreiungen vom Unterricht stark gemacht«, sagt Marco Sturm heute.

Mechanikerlehre abgebrochen

Eines Tages nahm auch Max Fedra, damals Manager des Landshuter Profiteams, bei einem Spiel der Schülermannschaft auf der Tribüne des Eisstadions am Gutenbergweg Platz. Wolfgang Dylla, damals Trainer des Schülerteams und später als Zweitligatrainer unter anderem in Straubing tätig, machte den ehemaligen Bundesliga-Profi auf das Ausnahmetalent aufmerksam: »Da ist einer, den Du Dir unbedingt mal ansehen solltest.« Es dauerte nicht lange, bis Fedra (»Ich wollte mir selbst ein Bild davon machen, ob es wirklich stimmte, was alle so über ihn erzählten«) vom Leistungsvermögen des 14-Jährigen angetan war. Vor allem dessen Schnelligkeit und Technik beeindruckten ihn. »Marco war damals körperlich und läuferisch schon ungemein weit, er konnte das Spiel lesen wie kein anderer in seinem Alter.«

Im Sommer 1994 – der Dingolfinger wurde wenige Tage später 16 Jahre alt – stand Marco Sturm vor dem wichtigsten Punkt seiner bisherigen Laufbahn. EVL-Manager Max Fedra: »Wir standen wir vor der Frage: Was machen wir mit ihm? Wann und wie können wir ihn in die erste Mannschaft einbauen?« Der Nachwuchsstar hatte soeben mit dem beachtlichen Notendurchschnitt von 2,3 seinen Qualifizierenden Hauptschulabschluss gebaut. Beachtlich deshalb, weil sein Vorbereitungszeitraum gerade einmal fünf Tage umfasste. »Ich war in der neunten Klasse eigentlich so gut wie nie da und auch unmittelbar vor den Prüfungen die ganze Zeit auf Lehrgängen mit der U 16, U18 oder Bayernauswahl. Ich hatte zwar meine Schulbücher stets dabei, aber wie das halt so ist: Da wirft man keinen Blick rein.«

Marco Sturm wollte im Herbst eine Ausbildung zum Elektriker beginnen, in seinem zweiten Traumberuf (neben Eishockey-Profi) waren in Dingolfing und der näheren Umgebung allerdings keine Lehrstellen mehr frei. Also entschied er sich, in der BMW-Stadt für Dingolfing nichts Ungewöhnliches, für eine Lehre zum Kfz-Mechaniker beim ortsansässigen Autohersteller. Schon nach wenigen Wochen stellte Manager Max Fedra allerdings fest: »Der Beruf muss weg. Die Doppelbelastung ist zu viel. Marco spielt bei der Jugend und bei den Junioren, dazu die Lehrgänge mit den verschiedenen Auswahlmannschaften. Das funktioniert nicht.«

Fedra suchte das Gespräch mit Marco Sturms Vorgesetzten bei BMW: »Auch sein Meister hat gesagt, dass er mit den Lernzielen nicht mehr hinterher kommt. Es war eine völlig natürliche Sache: Mit dem Aufwand, mit dem er Eishockey betrieb, konnte er im Beruf nicht die geforderte Leistung abrufen – und umgekehrt auch im Eishockey.« Den Eltern Johann und Ingrid Sturm war das Drängen des Managers allerdings unangenehm: »Wir hätten natürlich gerne gesehen, wenn er seine Lehre ordentlich über die Bühne bringt«, erinnert sich Vater Johann Sturm. Doch Fedra ließ ihnen keine Ruhe. Sein Plan sah vor, den Nachwuchsstar zur Saison 1995/96 fest in die DEL-Mannschaft einzubauen, obwohl dieser eigentlich noch ein Jahr in der Ju-

Die deutsche U-20-Nationalmannschaft vor der Europameisterschaft 1996 im russischen Ufa. Marco Sturm in der ersten Reihe, Zweiter von links

gend beziehungsweise anschließend drei weitere Jahre bei den Junioren hätte spielen dürfen. Die bis Trainingsbeginn Anfang August verbleibenden Monate, so Fedras Plan, sollte der Youngster nutzen, sich gezielt auf seinen Einstieg bei den Profis vorzubereiten. Auch Marco Sturm selbst sprach sich für die Sportlerlaufbahn aus.

Die Eltern plagte dennoch ein ungutes Gefühl: »Ich hatte Zweifel, ob Marco auch wirklich drankommt. Der damalige EVL-Trainer Bernie Johnston war ja nicht gerade dafür bekannt, mit jungen Spielern zu arbeiten«, sagt Johann Sturm, der deshalb ein Gespräch mit dem ehemaligen Ausnahmespieler Erich Kühnhackl, damals im Trainerstab des Deutschen Eishockey-Bundes (DEB) tätig, suchte. Kühnhackl beruhigte die Eltern: »Wenn es Marco nicht als Profi schafft, dann schafft es niemand. Eigentlich könnte er schon jetzt in der Ersten Mannschaft mitspielen.« Schweren Herzens erteilten die Eltern ihre Zusage.

Jüngster Spieler bei der WM in Kanada

Fortan glich Marco Sturms Tagesablauf dem eines Eishockey-Profis. Beim EVL trainierte er sowohl mit dem Jugend- als auch Juniorenteam. Obwohl gerade einmal 16 Jahre alt, nahm ihn Bundestrainer Erich Kühnhackl im Dezember 1994/Januar

1995 als jüngsten Spieler des Turniers mit zur Weltmeisterschaft der U-20-Junioren nach Red Deer in Kanada. Marco Sturms Mitspieler waren drei bis vier Jahre älter, wie der Düsseldorfer Tino Boos, der Weißwasseraner Stefan Mann oder der inzwischen bei Adler Mannheim aktive Landshuter Alexander Serikow, der im Jahr zuvor bereits mit der A-Nationalmannschaft an den Olympischen Winterspielen in Lillehammer teilnehmen durfte. Für Marco Sturm sollte ein erster Vorgeschmack auf das werden, was ihn in der DEL erwarten sollte: Er lernte die körperlich härtere Gangart der älteren und damit physisch überlegenen Gegenspieler kennen.

Die deutsche Mannschaft kam gegen Kanada (1:9), Russland (1:8), Tschechien (3:14), Finnland (1:7) und Schweden (2:10) teilweise gewaltig unter die Räder, gewann lediglich gegen die Ukraine 6:2 und vermied den Abstieg in die B-Gruppe nur deshalb, weil das Teilnehmerfeld für das kommende Jahr von acht auf zehn Teams aufgestockt wurde. Trotzdem bezeichnete Marco Sturm das Turnier als »bisherigen Höhepunkt meiner Karriere«. Zahlreiche Talentspäher aus der NHL saßen auf der Tribüne. »Als jüngster Turnierspieler hat Marco viel Aufmerksamkeit auf sich gezogen«, erinnert sich Erich Kühnhackl. »Scouts wie Vaclav Nedomansky oder Anders Hedberg, die ich noch aus meiner aktiven Zeit gut kannte, haben sich nach ihm erkundigt. Ich habe dann einen ersten Kontakt eingefädelt.« Weltmeister wurde die Auswahl Kanadas, überragende Spieler waren der einheimische Marty Murray und der Russe Alexander Korolyuk, denen allerdings eine ähnliche Karriere in der NHL wie später Marco Sturm versagt blieb. Koroljuk wurde Mannschaftskamerad von Marco Sturm bei den San Jose Sharks, Murray spielte zwischenzeitlich zwei Jahre bei Heraklith Villach in Österreich und den Kölner Haien in der DEL.

Zurück aus Übersee, nahm der junge Dingolfinger mit der Bayerischen Jugendauswahl an den Alpen-Adria-Winterjugendspielen im Schweizerischen Ambri teil. Im Finale bezwangen die von Michael Wanner und Klaus Huber gecoachten Bayern die Auswahl Südtirols deutlich mit 5:1, stolz nahm der 16-jährige Marco Sturm den Siegerpokal entgegen. Im Februar 1995 durfte er erstmals am Training der Landshuter Bundesliga-Mannschaft teilnehmen. Das Teenager-Magazin »Bravo Sport« hatte sich für eine Fotostory über Eishockey angesagt. Und weil die Cannibals zu diesem Zeitpunkt mit Ausnahme von Andreas Loth (22 Jahre) und Stephan Retzer (18) keine jungen Spieler in ihren Reihen hatten, delegierte Manager Max Fedra auch Marco Sturm zum Team. »Ich erinnere mich noch genau«, sagt sein späterer Schwager Christian Künast, damals Reservetorwart beim EVL. »Es war Fasching, der Tag nach dem unsinnigen Donnerstag. Wir hatten mit der Mannschaft ein kleines Fest und sind alle erst relativ spät nach Hause gekommen. Für den nächsten Morgen war Training angesetzt, alle waren noch ziemlich verkatert. Marco war ausgeschlafen und hat alle nass gemacht.« Der damalige EVL-Star Mike Bullard hatte ein gutes Gespür: »Das wird einmal ein ganz Großer.«

Der Beste im Wellblechpalast

Trotz dessen unverkennbarer Leistungsstärke und Erfolge gab es Eltern von anderen Nachwuchsspielern, die die bevorzugte Behandlung von Marco Sturm kritisch sahen. »Natürlich riefen die Erfolge auch Neider hervor«, erinnert sich Manager Max Fedra, der sich deshalb äußerlich sehr reserviert gab. »Man darf ihn jetzt auch nicht zu sehr in den Himmel loben«, lautete seine offizielle Sprachregelung, angesprochen auf den heranwachsenden Ausnahmespieler. Fedra hatte noch das warnende Beispiel von Christian Brittig vor Augen: Der Außenstürmer, ebenfalls dem Nachwuchs des EVL entsprungen, wurde einige Jahre zuvor ebenfalls als größtes Talent im deutschen Eishockey und kommender Star gefeiert. Dann kam jedoch der schnelle Absturz: Brittig wurde trainingsfaul, ging lieber in die Disco statt zum Training und landete später in den Niederungen der zweiten Liga. Fedra heute: »Bei Marco hatten wir aber letztendlich in allen Punkten recht. Alles ist so aufgegangen, wie wir uns es erträumt hatten.«

Die große Stunde des 16-Jährigen sollte Anfang April bei der U-20-Europameisterschaft in Berlin schlagen. Die DEB-Verantwortlichen gaben angesichts der schweren Vorrundengegner Russland und Tschechien den Nichtabstieg als Ziel aus. Einzig Trainer Jim Setters war optimistisch: »Jungs, die Finalrunde ist möglich.« Zum Auftakt rangen die jungen Deutschen im Wellblechpalast in Berlin-Hohenschönhausen, dem Domizil von DEL-Klub EHC Eisbären Berlin, den favorisierten Tschechen ein viel beachtetes 4:4-Unentschieden ab, Marco Sturm wurde als bester Spieler ausgezeichnet. Im zweiten Spiel folgte der große Coup: 3:2 gegen Russland. Der dritte Vorrundengegner Norwegen wurde standesgemäß 4:1 besiegt. Deutschland stand tatsächlich in der Finalrunde. Dort musste man sich dem späteren Europameister Finnland 3:5 geschlagen geben, ein 3:3 gegen Titelverteidiger Schweden reichte jedoch dank der besseren Tordifferenz im Abschlussklassement zum zweiten Platz und dem Gewinn der Silbermedaille.

»Das Turnier hat mir viel Motivation und Selbstvertrauen eingebracht«, sagt Marco Sturm heute. In den fünf Spielen kam er auf ein Tor und zwei Assists, als wieder einmal jüngster Spieler der Mannschaft beeindruckte er damit die zahlreich auf der Tribüne sitzenden Talentspäher aus der NHL. Der einzige Schatten in den Tagen von Berlin: Die DEL-Mannschaft des EV Landshut bestritt gleichzeitig die Finalserie um die deutsche Meisterschaft gegen die Kölner Haie. Marco Sturm konnte keines der Spiele live sehen. »Wir hatten im Hotel leider keinen Premiere-Decoder und Sportbars im heutigen Sinne waren damals noch nicht verbreitet«, blickt er heute zurück.

Profivertrag beim EVL

Nahezu täglich kamen Anrufe der neureichen DEL-Klubs Preussen Berlin, Düsseldorfer EG oder Kölner Haie, die mit lukrativen Angeboten lockten. Doch Marco

Zwei in die NHL, vier hörten auf – Die »Silber Boys« von Berlin und was aus ihnen wurde

Der Gewinn der Silbermedaille bei der U-18-Europameisterschaft 1995 in Berlin war der größte Erfolg einer deutschen Nachwuchsmannschaft. Getragen von einer unwahrscheinlichen Begeisterung im Wellblechpalast in Hohenschönhausen wuchs die deutsche Mannschaft über sich hinaus, besiegte Russland, spielte gegen Tschechien und Schweden unentschieden und unterlag nur dem späteren Europameister Finnland. »Wir haben mit den Großen in Europa mitgehalten und Eishockey auf dem gleichen Niveau gespielt«, freute sich Trainer Jim Setters. Die 17 und 18 Jahre alten Burschen wurden damals als große Hoffnungsträger gefeiert. »Da sind die Talente dabei, die einmal für die A-Nationalmannschaft in Frage kommen«, erklärte DEB-Sportdirektor Franz Reindl. Doch nicht alle wurden den Ansprüchen gerecht. Das Bosman-Urteil wenige Monate später durchkreuzte die Pläne vieler Spieler. Immerhin 17 schafften es in die DEL, neun in die A-Nationalmannschaft, zwei sogar in die NHL. Allerdings hörten auch vier von ihnen auf. Was ist aus den »Silber Boys« von Berlin geworden?

Sturm hatte bekanntlich längst seinem Heimatklub den Zuschlag gegeben. Im Mai unterschrieb er den von Manager Max Fedra versprochenen Profivertrag beim EVL und bezog in der Landshuter Innenstadt seine erste eigene Wohnung: Ein rund 40 Quadratmeter großes Appartement. Fortan konnte der 16-Jährige die Distanz zum Eisstadion mit dem Fahrrad überbrücken. Gleichzeitig besiegelten Fedra und Vater Johann Sturm per Handschlag,

Die Silber Boys von Berlin vor dem Wahrzeichen der Hauptstadt, dem Brandenburger Tor. Marco Sturm (hockend Zweiter von links)

Torhüter

David Berge

damals Preussen Berlin; war bis 2000 Ersatz-Goalie bei den Berlin Capitals; fand keinen neuen Klub und hörte auf

Kai Fischer

damals Düsseldorf; nahm 1998 an der A-WM teil; dann Karriere-Knick; Ersatzmann bei Essen und Oberhausen in der DEL sowie Heilbronn (2. Liga); danach Wilhelmshaven (Regionalliga), Graz (Österreich) und Selb (Oberliga)

Ingo Schwarz

damals Frankfurt; danach unterklassig in Bad Nauheim und Limburg; hörte mittlerweile auf

Verteidiger

Gordon Borberg

damals Peiting; spielte lange Jahre unterklassig in Freiburg, Deggendorf, Straubing, Erding; seit 2003 bei Hannover (DEL)

Alexander Erdmann

damals Mannheim; spielte bei den Adlern bis 1998; hörte danach auf

Torsten Fendt

damals Augsburg; seither bei Iserlohn und wieder Augsburg in 2. Bundesliga und DEL

Sebastian Pech

damals Weißwasser; danach unterklassig in Trier; hörte mittlerweile auf

Markus Pöttinger

damals Rosenheim; danach in Ottawa (OHL) und Bad Tölz in der 2. Liga; seit 1999 bei Berlin Capitals und DEG in der DEL

Nico Pyka

damals Eisbären Berlin; spielte in der Hauptstadt bis 2003, nahm an den WM-Turnieren 2000 und 2001 teil; seit 2003 in Mannheim

Andreas Renz

damals Schwenningen; wechselte 2001 zu den Kölner Haien; absolvierte mittlerweile über 100 Länderspiele und 500 DEL-Einsätze

Thomas Vogl

damals Landshut; später bei Landshut und Hannover in der DEL; unterklassig in Straubing, Ulm, Landshut, Deggendorf und Rosenheim; seit 2003 in München (Oberliga)

Stürmer

Denny Böttger
damals Eisbären Berlin; danach Deggendorf; seit 1998 bei Adendorf in Ober- und Regionalliga

Markus Draxler
damals Rosenheim; spielte überall von DEL (Iserlohn), USA (Johnstown), 2. Bundesliga (Riessersee, Heilbronn) bis Regionalliga (Waldkraiburg)

Marco Flügel
damals Geretsried; danach unterklassig in München; hörte mittlerweile auf

Sven Gerike
damals Eisbären Berlin; danach unterklassig in Hannover, Nordhorn, Braunlage, Ratingen, Duisburg; seit 2003 Regensburg (2. Bundesliga)

Jochen Hecht
damals Mannheim; bis 1998 bei den Adlern in der DEL; seither bei St. Louis, Edmonton und nun Buffalo (NHL)

Klaus Kathan
damals Bad Tölz; seither bei Berlin Capitals, Rosenheim, Kassel, Mannheim und seit 2004 Düsseldorf (DEL); über 100 Länderspiele

Boris Lingemann
damals Düsseldorf; spielte bis 2001 bei der DEG; seitdem mit Wolfsburg in 2. Bundesliga und seit 2004 in DEL

Niki Mondt
damals Düsseldorf; danach Kassel und wieder DEG; seit 2002 in Ingolstadt (DEL)

Andreas Morczinietz
damals Geretsried; danach unterklassig in Bad Nauheim und Nordhorn; seit 2001 in der DEL bei Augsburg und Köln; seit 2004 in Hannover (DEL)

Marco Sturm
damals Landshut; bis 1997 beim EVL; seither bei den San Jose Sharks (NHL)

(Stand: August 2004)

dass Landshut keinen 13. Stürmer verpflichtet. »Ich wollte diese Garantie eigentlich schriftlich, aber das konnte Max Fedra gegenüber seinen Vorgesetzten nicht machen«, erinnert sich Johann Sturm. Im November, nach drei Monaten, wollten sich beide Seiten noch einmal zusammensetzen und über die Zukunft beraten.

Im Juli reiste der 16-Jährige auf Vermittlung von Trainer Bernie Johnston gemeinsam mit den EVL-Youngsters Thomas Vogl, Stephan Retzer und Ersatztorhüter Christian Künast in ein zweiwöchiges Trainingscamp nach Brandon in Kanada: »In der DEL weht mit Sicherheit ein anderer Wind als bei den Junioren«, blickte Marco Sturm voraus. »Und daher hieß es, meine Zweikampfstärke zu verbessern. Und genau das wurde dort gedrillt.« Mehrmals täglich mussten die 40 Camp-Teilnehmer, darunter auch einige Spieler von Ligakonkurrent Adler Mannheim, wie Erich Goldmann oder Alexander Serikow, aufs Eis. Campleiter war Andy Murray, kurzzeitig in der DEL als Trainer des EHC Eisbären Berlin und Manager der Kölner Haie tätig und heute Headcoach bei den Los Angeles Kings in der NHL. »Wir standen von früh bis spät auf dem Eis«, erinnert sich Marco Sturm.

Aus heutiger Sicht war Marco Sturms Entscheidung, frühzeitig die Profikarriere einzuschlagen, nicht nur richtig, sondern auch gerade noch rechtzeitig. Hätte er ein weiteres Jahr mit seiner Entscheidung gezögert – es wäre wohl alles ganz anders gekommen. Im Dezember 1995 änderte das sogenannte Bosman-Urteil des Europäischen Gerichtshofes die deutsche Sportwelt, allen voran das Eishockey, grundlegend. Profisportler aus EU-Mitgliedsländern fielen fortan nicht mehr unter das Ausländerkontingent und waren deutschen Spielern gleichgestellt. In keiner anderen Liga waren die Funktionäre so auffällig darum bemüht, ihre Branche derart ruinös zu behandeln wie in der DEL. Die eigenen Nachwuchsspieler wurden vernachlässigt und abgeschoben, statt dessen ganze Bataillone von Gastarbeitern aus Schweden, Finnland, Frankreich und Italien verpflichtet. Diese waren nicht nur fertig ausgebildet, sondern auch noch ablösefrei.

Der Ausländeranteil innerhalb der Liga stieg in nur zwei Jahren auf über 70 Prozent; Mannschaften mit zwanzig ausländischen Profis und mehr (!) waren keine Seltenheit. »Ich hatte verdammt viel Glück«, sagt Marco Sturm heute. »In meinem ersten Profi-Jahr war vom Bosman-Urteil noch wenig zu spüren, im zweiten dafür um so mehr. Und so richtig los ging es 1997, als ich nach Nordamerika gewechselt bin. Ich kann nicht sagen, ob ich heute wirklich in der NHL spielen würde, wenn das Urteil früher gekommen beziehungsweise ich später in die DEL gekommen wäre.« Marco Sturm hätte möglicherweise das gleiche Schicksal ereilt wie viele andere junge Spieler, die keine Perspektive mehr für sich sahen und ihre Profilaufbahn früh beendeten. Es sollte mehr als ein halbes Jahrzehnt dauern, bis sich das deutsche Eishockey von der unverantwortlichen Personalpolitik der DEL-Verantwortlichen wieder einigermaßen erholte.

Auf dem Weg zum Star

Saison 1995/1996: Profi-Debüt mit 16

Die gestiegenen Anforderungen in einer Profiliga wie der DEL bekam Marco Sturm schon vor dem ersten Bully zu spüren. Das Vorbereitungsprogramm von Bernie Johnston war knallhart. Dreimal täglich bat der Kanadier seine Schützlinge zum Training: morgens, mittags und abends. Marco Sturm nahm die Belastung erstaunlich gelassen: »Ich schlafe viel und habe seit kurzem auch eine eigene Wohnung in Landshut. Das erleichtert vieles.« Seine Mahlzeiten nahm der 16-Jährige zumeist beim nahegelegenen Italiener ein: »Dort bekomme ich als Spieler meine Nudeln billiger.« Mutter Ingrid kam mindestens einmal die Woche, um das Appartement auf Vordermann zu bringen und sich der verschwitzten Wäsche ihres Zöglings anzunehmen.

Das erste Profitrikot: Marco Sturm im Spätsommer 1995

Die, wie Udo Kießling, bis zu 23 Jahre älteren Mannschaftskollegen, nahmen den »Benjamin« im Team gut auf. Marco Sturm war dienstbeflissen und vor dem Training zumeist einer der ersten Spieler in der Kabine. An seinem ersten Trainingstag bei den Profis war er sogar derart früh dran, dass er schon in voller Eishockey-Montur wartete, ehe der nächste Spieler eintraf. Es war Udo Kießling, der Kapitän des Teams. Das Kennen lernen verlief schnell und unbürokratisch. »Hallo, Du bist wohl der Marco«, begrüßte Kießling den Neuzugang, der gut und gerne sein Sohn hätte sein können. »Danach«, sagt Marco Sturm, »ging ich mit allem, was ich auf dem Herzen hatte, auf den Udo zu. Und der Udo wusste fast immer einen Rat.«

Die Rückendeckung bei den Verantwortlichen erleichterte dem Youngster den Einstieg bei den Profis. Neben Manager Max Fedra wusste er auch EVL-Präsident Hans Eller auf seiner Seite. Eller setzte auf Jugendstil und nahm Trainer Johnston in die Pflicht: »Schon aus finanziellen Gründen müssen wir ab sofort wieder unsere eigenen Talente einbauen. Die Jungen müssen spielen.« Dennoch stand Manager Max Fedra kurz nach Trainingsstart in Versuchung, sein Wort gegenüber Vater Johann Sturm zu brechen und einen 13. Angreifer für das Team zu verpflichten. Auf dem Markt wurde überraschend der Deutsch-Kanadier Johnny Walker, der zweitbeste

»Bauerntrick«: Marco Sturm umkurvt das Krefelder Tor und schießt ein

Scorer der finanziell kriselnden Krefeld Pinguine, angeboten. Walker stand schon lange auf Fedras Wunschliste und nun bestand die vielleicht einmalige Gelegenheit, ihn zu verpflichten. Max Fedra griff zum Telefonhörer, rief bei Vater Johann Sturm an und erläuterte seinen Zwiespalt. Der Manager erinnerte sich jedoch auch an sein Wort gegenüber der Familie und nahm von einer Verpflichtung Abstand.

Zum Trainingsstart Anfang August war Marco Sturm einer von nur fünf Neuzugängen im Team des Vizemeisters der vergangenen Saison. Mit Verteidiger Thomas Vogl wurde ein weiterer Spieler aus dem eigenen Nachwuchs in die ersten Mannschaft befördert. Aus Mannheim kam National-Verteidiger Mike Heidt, vom Oberligisten Verteidiger Dieter Bloem und aus Las Vergas der kanadische Angreifer Jose Charbonneau. Als neuer Assistenzcoach und hauptamtlicher Nachwuchstrainer wurde Glen Williamson präsentiert, der sich in erster Linie um die Aus- und Weiterbildung der Youngster Marco Sturm, Thomas Vogl und Stephan Retzer kümmern sollte. »Ein Novum«, schrieb der »Sport Kurier« in seiner Sonderausgabe zum Saisonstart. »Mit dem 40-jährigen Udo Kießling und Marco Sturm stellen die Landshuter den ältesten und den jüngsten DEL-Spieler. Und da sich Gegensätze bekanntlich anziehen, kann das der Gesamtleistung nur dienlich sein.«

Von seiner im Nachwuchsbereich lieb gewonnen Rückennummer 17 musste der DEL-Neuling allerdings Abstand nehmen. Die war bei den Cannibals seit Jahren an Stürmer Henri Marcoux vergeben. Manager Max Fedra teilte dem Youngster die 39 zu.

Bizarrer Streit in Landshut

Die Vorbereitung begann für Marco Sturm und den EVL bestens. Gleich in seinem ersten Testspiel, einem 4:3-Sieg über den Ligarivalen Nürnberg Ice Tigers, steuerte er einen Treffer bei. Nach einem weiteren Erfolg gegen den finnischen Erstligisten Luuko Rauma (5:4) entschieden die Niederbayern im heimischen Eisstadion am Gutenbergweg das Turnier um den erstmals ausgespielten Eishockey-NEWS-Pokal für sich. »Das zeigt uns, dass wir gut gearbeitet haben und uns auf dem richtigen Weg befinden«, resümierte ein zufriedener EVL-Coach Bernie Johnston. Marco Sturm spielte sich bei seinen ersten Auftritten in der »Ersten« gleich in die Herzen der zahlreich erschienenen Fans. Als Center zwischen dem kanadischen Neuzugang Jose Charbonneau und Andreas Loth hinterließ er einen glänzenden Eindruck. Die »Landshuter Zeitung« berichtete: »Marco Sturm, stocktechnisch brillant, torgefährlich und in den Zweikämpfen rotzfrech, erinnerte die Fans bei seinem Debüt an Zeiten, als Gerd Truntschka oder Helmut Steiger am Anfang ihrer Karriere standen.«

Unmittelbar vor DEL-Auftakt wurde der Debütant dann jedoch zum Zankapfel in einem geradezu bizarren Streit zwischen EVL-Manager Max Fedra und Eishockey-Idol Erich Kühnhackl, seinerzeit Trainer der U-20-Nationalmannschaft. Kühnhackl forderte die Landshuter Nachwuchstalente Marco Sturm und Stephan Retzer für die sogenannte Challenge Round an, die ausgerechnet in der heißen Phase der Saisonvorbereitung stattfinden sollte. Fedra verweigerte die Abstellung mit der Begründung, dass der EVL nur zwölf Stürmer hätte und sich die beiden Nachwuchstalente ins Team integrieren müssten. Daraufhin sperrte der Deutsche Eishockey-Bund (DEB) beide Nachwuchs-Nationalspieler vom 19. bis 27. August, den Zeitraum der Challenge Round.

Am 20. August bestritt Landshut ein Freundschaftsspiel beim Zweitligisten EV Weiden. Auf dem Spielberichtsbogen tauchte weder der Name Marco Sturm noch Stephan Retzer auf, trotzdem standen beide auf dem Eis. Die Gastgeber schickten eine Videokassette an den DEB, mit der das Mitwirken der gesperrten Spieler belegt wurde. Per Ordnungsbescheid belegte der Verband Fedra und Johnston mit einem einmonatigen Tätigkeitsverbot und verdonnerte beide zu 5000 Mark Geldstrafe. Die beiden Landshuter legten Widerspruch ein und erst nach langem Hin und Her hob das Schiedsgericht die Sperre auf. Marco Sturm sah sich damals zwischen den Stühlen: »Einerseits war es mir recht, dass ich nicht mit auf die Challenge Tour fahren musste, um meinen gerade erst geknüpften Kontakt zu den Mitspielern nicht abreißen zu lassen. Andererseits wollte ich nicht, dass mir in der Junioren-Nationalmannschaft Nachteile entstehen.« Heute bezeichnet er seinen Einsatz in Weiden als »jugendlichen Blödsinn. Ich hätte mich damals nie und nimmer zum Mitspielen überreden lassen dürfen.« Bei der anschließenden Testspielreise des EVL durch die Schweiz (Rapperswill, Zug, Ambri Piotta) fehlte er wegen der Sperre.

Christian Künast – Schwager und bester Freund

Marco Sturm bezeichnet seinen Schwager und ehemaligen Mannschaftskameraden in Landshut und der Nationalmannschaft als »meinen besten Freund«. Im Winter 1995/96 verkuppelte er ihn mit seiner Schwester Nicole.
Christian Künast stammt aus dem Nachwuchs des EVL. Schon in der Kleinstschülermannschaft war er Torhüter – allerdings nicht ganz freiwillig. »Ich bin damals ins Tor, weil es der einzig freie Platz im Team war«, erinnert er sich. Mit 18 Jahren wurde er dritter Torhüter in der Landshuter Bundesliga-Mannschaft, ein Jahr später war er schon der zweite Mann. Das Image des ewigen Reservisten haftet ihm allerdings bis heute an. Nur einmal, in der Saison 1996/97, war er die Nummer eins in seinem Verein: Nachdem er sich in Landshut gegen den tschechischen Nationaltorhüter Petr Briza nicht hatte durchsetzen können, wechselte er zu den Kaufbeurer Adlern. Nach nur einer Saison im Allgäu begab er sich auf sportliche Wanderschaft: Eine Saison Adler Mannheim, ein Jahr zurück in Landshut, drei Jahre München Barons, zwei Spielzeiten bei den Hamburg Freezers und neuerdings bei den Hannover Scorpions – so lauten seine Stationen.
In München und Hamburg bildete der zweifache Familienvater fünf Jahre lang den loyalen Nebenmann des Kanadiers Boris Rousson. Trotz seiner Reservistenrolle war der heute 33-Jährige Wortführer und heimlicher Leader der Mannschaften. Auch in der Öffentlichkeit hielt er mit seiner Meinung nie hinter dem Berg zurück. Als er 2001 die Ausländerregelung in der DEL kritisierte und den Verantwortlichen »Ahnungslosigkeit« vorwarf, drohte ihm die Liga eine Geldstrafe und Sperre an. Es blieb bei der Drohung. »Danach hab' ich aber nie mehr etwas von ihnen gehört. Wahrscheinlich, weil ich Recht hatte«, sagt der Niederbayer, der 1996 in Wien und 2001 im eigenen Land an Weltmeisterschaften und 2002 an den Olympischen Spielen in Salt Lake City teilnahm. Bei dem Turnier in Köln und Hannover war Christian Künast sogar die Nummer eins zwischen den Pfosten.
Nach Olympia trat er aus familiären Gründen – Ehefrau Nicole lebte mit den Kindern Dennis (11) und Annalena (5) weiterhin in Landshut – aus dem Nationalteam zurück. Künast: »Die wenige Freizeit während der Saison wollte ich lieber mit meiner Familie verbringen.«

... und mit der Nummer 39: Marco Sturm

Am Donnerstag, 7. September, einen Tag vor seinem 17. Geburtstag absolvierte Marco Sturm gegen die Kölner Haie sein erstes DEL-Spiel. Es war die Neuauflage der Finalserie der Vorsaison, welche die Niederbayern nach fünf hart umkämpften Spielen verloren. Zum Auftakt der neuen Saison revanchierten sie sich mit 6:1. Marco Sturm bildete gemeinsam mit den beiden ehemaligen DDR-Nationalspielern Jörg Handrick und Ralf Hantschke die vierte Angriffsreihe des EVL und wurde damit zum bis dato jüngsten Erstliga-Debütanten aller Zeiten – und einem der vielversprechendsten dazu. »Er hat ein sehr gutes Auge«, lautete damals der Kommentar der deutschen Eishockey-Legende Udo Kießling. »Er kann die Scheibe laufen lassen, das Spiel lesen und seine Mitspieler gut einsetzen.« Auch das Fachblatt Eishockey NEWS war überzeugt: »Der gerade mal 17 Jahre alt gewordene Marco Sturm wird seinen Weg auch in der höchsten Spielklasse machen.« Erich Kühnhackl lobte gar: »Er wird einmal der beste von allen.«

Die erste Autogrammkarte: Marco Sturm mit 17

Marco Sturm sah sich selbst allerdings gar nicht so gut: »Ich war sehr nervös«, berichtete er im Anschluss an die Partie. »Zwei Strafzeiten in einem Spiel, darunter die allererste der Saison ... Aber die Mitspieler haben mich toll unterstützt, vor allem die alten Hasen Udo Kießling, Mike Bullard und Schorsch Franz. Die haben während der Partie viel mit mir gesprochen.« Im Anschluss an die Partie feierte der Youngster seinen 17. Geburtstag im Haus der Eltern mit Vater, Mutter und Schwester Nicole. Ein ausschweifendes Fest mit Freunden und Mannschaftskameraden war nicht möglich, denn der DEL-Spielplan sah bereits für den Samstag wieder einen Einsatz vor: Im Schwenninger Bauchenbergstadion, eine der gefürchtetsten Arenen der Liga, als Gast bei den SERC Wild Wings. »Ich war überrascht, wie heftig uns die Zuschauer ausgepfiffen haben, als wir eingelaufen sind«, erzählte Marco Sturm.

»Zwar habe ich bei der Junioren-WM in Kanada schon vor einer größeren Kulisse gespielt, aber dort haben die Zuschauer ruhig dagesessen und wurden nur bei einem Tor etwas lauter. Das in Schwenningen war neu für mich.« Mit einer Mischung aus Unbekümmertheit, gesundem Selbstbewusstsein und Ehrgeiz lief der Youngster schnell arrivierten Spielern den Rang ab. Manager Max Fedra erinnert sich: »Marco wollte immer mehr als den Status, den er gerade hatte – er war mit dem Erreichten nie zufrieden: Hatte er einen Stammplatz, wollte er Überzahl spielen, dann Unterzahl, und so weiter.«

Im dritten Saisonspiel, einem 4:2-Sieg gegen die Preussen Devils Berlin, markierte er seinen ersten Scorerpunkt in der DEL, als er in der siebten Minute den 1:0-Führungstreffer durch Jörg Handrick vorbereitete. »Mein Namen über den Lautsprecher zu hören, war schon ein tolles Gefühl«, sagte der Youngster. Eine weitere Woche später gelang ihm beim 7:2-Sieg in Rosenheim sein erster Treffer zum zwischenzeitlichen 4:0. »Wir hatten gerade gewechselt. Unser Torhüter Petr Briza legte die Scheibe hinter dem Tor ab, dort nahm ich sie auf«, erinnert sich Marco Sturm noch heute an den Treffer, als wäre er erst gestern gewesen. »Die Rosenheimer wechselten gerade und ich erwischte sie dabei kalt. Ich zog los, hatte nur die beiden Verteidiger vor mir und überlief sie. Im Tor stand damals Ex-Nationaltorhüter Karl Friesen. Wenige Minuten später ging er raus.« Ersatz-Torhüter Christian Künast staunte: »Ich wusste, dass der Junge gut ist. Aber gleich so gut ...«

Zu Christian Künast pflegte Marco Sturm damals eine besondere Beziehung: Der 24 Jahre alte Junggeselle erkundigte sich nach nur wenigen Trainingseinheiten nach dessen drei Jahre älterer Schwester Nicole, die den Heimspielen des EVL immer auf der Tribüne beiwohnte. »Der war unheimlich hartnäckig, wollte meine Schwester unbedingt kennen lernen«, erinnert sich Marco Sturm heute. Der damals 17-Jährige betätigte sich also als Verkuppler: »Wir sind abends nach dem Spiel mal zu dritt weggegangen. Ich habe mich dann nach einer Stunde nach Hause verabschiedet und die beiden alleine zurückgelassen.« Heute ist Christian Künast Marco Sturms Schwager und zugleich sein bester Freund.

Erster Besuch aus San Jose

Ausgelöst durch den Kantersieg zum Auftakt gegen Köln wurde das gesamte EVL-Team zu Saisonbeginn von einer Welle der Euphorie getragen. Erst am neunten Spieltag mussten sich die Johnston-Schützlinge erstmals geschlagen geben, 1:5 bei der Düsseldorfer EG. Erstmals stand auch Marco Sturm bei einem Gegentor auf dem Eis. Sein bis dato bestes Spiel bestritt der Debütant im November beim 8:2-Kantersieg über die Füchse Sachsen aus Weißwasser, in dem ihm vier Scorerpunkte gelangen: Zwei Treffer erzielte er selbst, zwei weitere bereitete er mustergültig vor. Die Fans forderten ihn mit minutenlangen Sprechchören zu einer Ehrenrunde nach der anderen auf. »Ich habe vor Rührung eine Gänsehaut bekommen«, erinnert sich Marco Sturm.

»NHL-Scouts beobachten Marco Sturm«, titelte wenige Tage später Eishockey NEWS. Nacheinander nahmen die Talentspäher Jiri Hrdina und Vaclav Nedomansky von den Los Angeles Kings auf der Tribüne des Eisstadions am Gutenbergweg Platz. »Beim nächsten Draft kann er noch nicht dabei sein, da er noch keine 18 Jahre alt ist«, versuchte EVL-Trainer Bernie Johnston in Unkenntnis der NHL-Regularien die Landshuter Fangemeinde zu beruhigen, die um den Abgang ihres Nachwuchstalentes fürchtete. Doch Johnston sollte sich irren.

Wenige Tage später machte sich Dean Lombardi, General Manager der San Jose Sharks, auf den Weg nach Niederbayern, um das deutsche Ausnahmetalent persönlich in Augenschein zu nehmen. Mit einem 4:0 über die DEG erklomm der EVL die Tabellensitze. Im Anschluss an das Spiel wurden Johann und Ingrid Sturm von einem EVL-Funktionär mit den Worten »Da wartet jemand, der Sie unbedingt kennen lernen möchte« in den VIP-Raum gebeten. Lombardi berichtete den verdutzten Eltern vom Interesse seines Klubs an deren Sohn. Wenige Tage später klingelte in Marco Sturms Landshuter Appartement das Telefon: Am anderen Ende der Leitung war der ehemals beste Tennisspieler der Welt, Ivan Lendl, Mitbesitzer des NHL-Klubs Hartford Whalers und Repräsentant der Vermarktungsagentur IMG, die seinerzeit in erster Linie auf dem Tennissektor tätig war. Auch die Whalers und IMG hatten Interesse. »Er wollte mich unbedingt kennen lernen«, blickt Marco Sturm zurück. Für die Junioren-WM kurz nach Weihnachten in Boston vereinbarte man einen Gesprächstermin.

Treffen mit Ivan Lendl in Boston

Bereits Mitte Dezember machte sich Marco Sturm auf den Weg nach Übersee. Allerdings nicht zu den San Jose Sharks: Gemeinsam mit der deutschen U-20-Auswahl nahm er an der Junioren-Weltmeisterschaft in Boston/Massachusetts teil. Das Weihnachtsfest verbrachte er fern der Heimat: Die DEB-Auswahl spielte über die Feiertage an einem Vorbereitungsturnier im kanadischen Moncton. Für die WM gab Trainer Erich Kühnhackl Platz sieben unter zehn Teilnehmern als Zielsetzung aus. »Begeisterung kann Berge versetzen«, so das Eishockey-Idol bei seiner Ansprache an die Mannschaft. »Wenn jeder über sich hinauswächst, ist viel drin. 200 Scouts sitzen auf der Tribüne. Das verschafft Motivation bis unter die Haarspitzen.« Auch die Sharks waren in Boston mit General Manager Dean Lombardi und ihrem Scouting-Chef Tim Burke vertreten.

Die vom Trainer ausgegebene Zielsetzung konnte die Mannschaft nicht ganz erreichen. Statt Siebter wurde man Achter. In den beiden letzten Turnierspielen sicherte sich das deutsche Team mit einem 3:3 gegen die Schweiz und einem 5:0 über die

Ukraine den Klassenverbleib. Marco Sturm glänzte in beiden Partien als zweifacher Torschütze – gegen die Ukraine wurde er allerdings nach einem Crosscheck mit einer Spieldauerdisziplinarstrafe vorzeitig vom Eis gestellt. Zwischen den Spielen fanden das vereinbarte Treffen mit Ivan Lendl und ein weiterer Vorstellungstermin bei Eishockey-Legende Bobby Orr, der ebenfalls eine Reihe von Spielern betreute, statt. »Wir haben uns für den Sommer neu verabredet«, erinnert sich der Niederbayer. Auch Sharks-Manager Dean Lombardi wollte in Boston erstmals persönlich mit dem deutschen Ausnahmetalent Kontakt aufnehmen. Nach der 3:6-Niederlage gegen Tschechien wollte er im Kabinengang Marco Sturm ansprechen. »Deutschland hatte verloren und Marco schlecht gespielt«, erinnert sich Lombardi. »Als ich ihm meine Hand entgegenstreckte, ist er grußlos an mir vorbeigerannt.« Kurioserweise imponierte dem Amerikaner das Verhalten: »Ein Spieler, der mit ganzen Herzen gewinnen will und mir nicht ins Hinterteil kriecht«, sagte er. »Mir war sofort klar, dass ich den haben will.«

Die Show wurde Marco Sturm bei der WM von seinem Mannschaftskameraden Florian Keller gestohlen, der mit vier Toren und acht Assists den zweiten Platz der WM-Scorerwertung belegte. »Ich glaube nicht, dass ein Deutscher jemals so weit vorne gestanden ist«, sagte der Rosenheimer und dachte, sich ins Visier der NHL-Scouts gespielt zu haben. »Bis jetzt habe ich nur von der NHL geträumt. Wenn ich die Chance bekomme, würde ich es selbstverständlich versuchen.« Keller sollte nie von einem NHL-Klub gedraftet werden, spielte später lange Jahre zweitklassig in Bad Tölz, ehe er beim EHC Eisbären Berlin wieder den Sprung zurück in die DEL schaffte.

Landshuts Sportler des Jahres

Für den EV Landshut lief die Saison bis dahin optimal. Mit 55 Punkten aus 34 Spielen belegten die Cannibals nach der Vorrunde Tabellenplatz eins. Trotz des Erfolges gab Trainer Bernie Johnston bekannt, zu Saisonende den Verein zu verlassen. Verteidiger-Legende Udo Kießling stellte derweil beim 5:2 über die Schwenninger Wild Wings mit seinem 1000. Einsatz in der höchsten deutschen Spielklasse einen neuen Rekord auf. Auch Marco Sturm hatte Grund zum Feiern: Bei der vom Landshuter Wochenblatt durchgeführten Wahl zum »Sportler des Jahres« belegte er knapp vor seinem Mannschaftskameraden und Vorjahressieger Petr Briza Platz eins. Marco Sturm konnte 1284 Stimmen auf sich vereinen, der Torhüter deren 1247. Der Drittplazierte, Mike Bullard, lag mit 288 Stimmen schon deutlich zurück. Auch das Votum zur »Mannschaft des Jahres« dominierten die Eishockey-Cracks des EVL mit 2462 Stimmen vor den Bundesliga-Basketballern der TG Hitachi Landshut (319). Landshuts Eishockey-Idol Erich Kühnhackl befand: »Ich habe in Deutschland noch nie einen Spieler gesehen, der in diesem Alter schon so weit ist.«

Inzwischen wurde auch das Jugendsportmagazin »Bravo Sport«, ansonsten dem Eishockeysport wenig zugetan, auf den Jugendlichen aus Landshut aufmerksam, der bei den Erwachsenen seinen Mann stand, und stattete ihm einen Hausbesuch ab und berichtete auf einer zweiseitigen Fotostory über Leben und Karriere des 17-Jährigen. Auf die Frage, ob er über sein gutes Debüt in der DEL überrascht sei, antwortete der Teenager salopp: »Nein, ich arbeite hart, stelle für Eishockey alles hinten an. Für mich ist das eine simple Rechnung: Input gleich Output.« Oder anders formuliert: Wer viel investiert, bekommt auch viel zurück. Im gleichen Interview redete er erstmals öffentlich über sein Karriereziel: »Die NHL war früher nur ein schöner Traum, jetzt aber ist sie mein großes Ziel. Zwei oder drei Jahre will ich noch in Deutschland spielen. Dann, wenn alles klappt, geht's ab in die NHL.« Wie ernst es Marco Sturm mit seinen Absichten meinte, zeigte sein Wille, seine Sprachkenntnisse zu verbessern: Zweimal die Woche nahm er fortan gemeinsam mit Mannschaftskamerad Thomas Vogl Englisch-Unterricht bei der Frau von Assistenztrainer Glen Williamson, einer ehemaligen Schullehrerin.

Zwei Eishockey-Generationen: Rekord-Nationalspieler Udo Kießling (li. 40 J.) und Marco Sturm (17)

Zu Beginn der Zwischenrunde – die Mannschaften auf den ungeraden Tabellenplätzen spielten gegeneinander, ebenso die auf den geraden – erlaubte sich der EVL ein kleines Zwischentief. Auch Marco Sturm wurden die Beine allmählich schwer. »So viel gelaufen wie in den vergangenen drei Monaten bin ich bei den Junioren die ganze Saison nicht«, sagte er. Manager Max Fedra reagierte mit der Verpflichtung des in Düsseldorf ausgemusterten Ex-Nationalverteidigers Rick Amann, um dem Team zusätzlichen Halt zu verleihen. Die Vorrunde schlossen die Cannibals mit 77 Punkten aus 50 Spielen als Tabellenvierter ab – zwei Punkte hinter den führenden Kölner Haien und Berliner SC Preussen, punktgleich mit der DEG. Marco Sturm kam in 47 Einsätzen auf zwölf Tore, 20 Assists und 50 Strafminuten.

Die Teilnahme am Turnier um den Langenbahn-Pokal mit der U-19-Nationalmannschaft im Februar in Füssen sagte er ab (Sieger wurde die Auswahl Finnlands). Einerseits machte ihm eine leichte Oberschenkelzerrung Probleme. Andererseits wollte er fit in das Play off gehen, in dem der EVL im Achtelfinale zum bayerischen Derby auf den Tabellen-13. Star Bulls Rosenheim traf. Die Cannibals gewannen zum Auftakt der »best-of-five«-Serie souverän 7:0, gefolgt von einem 4:2 in Rosenheim. Marco Sturm erzielte in der 14. Minute des ersten Spiels den 1:0-Führungstreffer. Spiel drei, erneut in Rosenheim, ging mit 5:3 an die Oberbayern. Mit einem 5:1 in Spiel vier vor 5200 begeisterten Zuschauern in der heimischen Halle machte der EVL den Viertelfinal-Einzug perfekt.

Irre Play-off-Serie gegen die Haie

In der Runde der letzten acht warf man Adler Mannheim in nur drei Spielen aus dem Wettbewerb: 3:2, 4:1 und erneut 3:2 lauteten die Resultate. »Wir waren nicht scharf auf ein viertes Match«, merkte Trainer Johnston süffisant an. Im Halbfinale kam es zum Play-off-Klassiker gegen die Kölner Haie, der Neuauflage des Vorjahres-Finales. Zum 16. Mal wurde in Bundesliga beziehungsweise DEL die Meisterschaft in Form eines Play off ausgespielt – bereits zum sechsten Mal standen sich beide Klubs gegenüber. Die Bilanz aus Sicht des EVL war wenig verheißungsvoll: Nur einmal, im Halbfinale 1983, hatten die Niederbayern das bessere Ende auf ihrer Seite.

Dem Gegner einen Schritt voraus: Die Schnelligkeit war schon immer Marco Sturms große Stärke

Beide Teams galten als besonders abwehrstark, ein Offensivspektakel wurde nicht erwartet. Doch es kam anders: Die Cannibals gewannen Spiel eins an der Kölner Lentstraße 4:2. Die Haie revanchierten sich mit einem 6:5 in Landshut. Und gingen nach einem 9:6 vor eigenem Publikum in der Serie mit 2:1 Siegen in Führung. In Spiel vier am Landshuter Gutenbergweg lagen die Gastgeber nach dem ersten Drittel mit 4:0 in Führung, Haie-Schlussmann Peppi Heiß räumte frustriert für seinen Ersatzmann Olaf Grundmann den Posten. Und der wuchs über sich hinaus. Die Kölner drehten tatsächlich noch die Partie, gewannen mit 5:4 nach Verlängerung. Matchwinner war der russische Angreifer Sergej Berezin, der drei Treffer erzielte, darunter den zum Sieg. »Berezin hat uns erschossen«, konstatierte EVL-Coach Bernie Johnston. »Das war die ungewöhnlichste Play-off-Serie, an der ich jemals beteiligt war«, gestand Kölns Trainer-Veteran Robert Murdoch.

Überschattet wurde die Halbfinalserie von der schweren Verletzung von Udo Kießling: In Spiel zwei warf sich der Rekordnationalspieler (320 Länderspiel-Einsätze) in einen gegnerischen Schuss, der seinen Unterkiefer zertrümmerte. »Ich habe die Situation von der Bank aus beobachtet«, entsinnt sich Marco Sturm. »Keiner wusste zunächst, was los ist. Als wir jedoch in die Kabine gekommen sind und Udos Gesicht gesehen haben, ist uns ganz anders geworden.« Der 40 Jahre alte Abwehr-Veteran wurde noch am gleichen Abend operiert, angesichts der Schwere der Verletzung drohte ihm die Sportinvalidität.

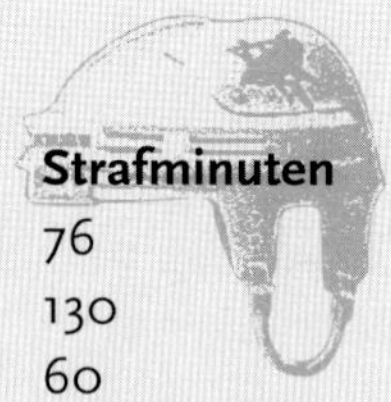

EV Landshut Saison 1995/96

Position	Name	Spiele	Tore	Assists	Punkte	Strafminuten
S	Mike Bullard	61	35	52	87	76
S	Jose Charbonneau	58	42	30	72	130
S	Wally Schreiber	61	30	39	69	60
S	Henri Marcoux	61	22	39	61	50
S	Jacek Plachta	61	28	20	48	88
V	Mike Heidt	59	8	30	38	36
S	Jörg Handrick	61	15	22	37	74
S	Marco Sturm	58	13	23	36	68
S	Helmut Steiger	58	14	18	32	14
S	Georg Franz	39	16	15	31	24
S	Ralf Hantschke	29	12	18	30	48
V	Michael Bresagk	56	5	25	30	102
V	Peter Gulda	60	10	16	26	100
V	Udo Kießling	57	3	21	24	48
V	Eduard Uvira	58	3	19	22	87
S	Stephan Retzer	55	7	7	14	22
S	Andreas Loth	51	3	8	11	52
V/S	Dieter Bloem	47	5	4	9	117
V	Richard Amann	6	0	2	2	6
TW	Christian Künast	14	0	2	2	0
TW	Petr Briza	52	0	1	1	24
V	Thomas Vogl	10	0	0	0	0
TW	Markus Nachtmann	1	0	0	0	0

Trainer: Bernie Johnston

Der junge Marco Sturm kam in elf Play-off-Spielen auf einen Treffer und drei Assists. Am Tag nach dem Halbfinal-K.o. stand für ihn ein weiterer Test auf dem Programm: Die Führerscheinprüfung. Per Sondergenehmigung sollte er bereits mit 17 Jahren die Fahrerlaubnis erhalten, mit dem Vermerk, bis zu seinem 18. Geburtstag nur die Strecke zwischen Landshut und dem Elternhaus in Dingolfing zurücklegen zu dürfen. Für die berufstätigen Eltern bedeutete dies eine enorme Erleichterung:

»Wir mussten nicht mehr ganz so oft nach Landshut fahren und Marco kam öfter heim.« Das Problem bei der Prüfung: Trotz des bitteren Play-off-K.o. feierte die Mannschaft den Saisonausklang bis in die frühen Morgenstunden, auch Marco Sturm kam erst spät ins Bett.

»Ich habe am nächsten Morgen bei der Prüfung ziemlich verschlafen dreingeblickt«, erinnert er sich. Trotzdem schaffte er den Test und EVL-Manager Max Fedra stellte ihm als Dienstwagen prompt einen Mercedes der E-Klasse zur Verfügung. In seinem jugendlichen Leichtsinn nahm es der Führerschein-Neuling mit der Einschränkung nicht so genau: »Ich habe die Strecke etwas großzügiger interpretiert. Wenn ich erwischt worden wäre, wäre der Schein wohl für längere Zeit weg gewesen.«

Vertrag mit dem knallharten Larry

Während des Play off nahm auch Larry Kelly Kontakt zu Marco Sturm auf. Der Rechtsanwalt aus der Kanzlei »Kelly, Howard & Santini« in Ottawa arbeitete im Nebenberuf als Spielerberater. Einer seiner Klienten war der ehemalige NHL-Profi Mike Bullard (767 NHL-Spiele mit 340 Toren und 362 Assists zwischen 1980 und 1992 für Pittsburgh, Calgary, St. Louis, Philadelphia und Toronto), inzwischen Mannschaftskollege von Marco Sturm beim EVL. Bullard empfahl dem jungen Deutschen, sich dem Kanadier anzuvertrauen, der sich, im Gegensatz zu vielen seiner Berufskollegen, auf die Betreuung einiger weniger Spieler wie eben Bullard, Torhüter Mike Vernon oder Stürmerstar Steve Yzerman konzentrierte.

Schon im Frühjahr hatte Marco Sturm kurz vor einer Vertragsunterschrift bei der amerikanischen Agentur IMG gestanden. Nach der Kontaktaufnahme durch Ivan Lendl bei der U-20-WM in Boston besuchte der ehemalige EVL-Profi Jiri Poner, einer der Europabeauftragten von IMG, regelmäßig die Heimspiele der Cannibals und suchte die Nähe des jungen Deutschen. »Ich habe damals aber zum Glück nichts unterschrieben«, erinnert sich Marco Sturm, »weil mir Mannschaftskameraden davon abgeraten und gesagt haben, dass dieser Vertreter in Deutschland ziemlich viel Ärger haben soll. Tatsächlich ist er dann auch völlig von der Bildfläche verschwunden.«

Abschluss-Tabelle

1. Düsseldorfer EG
2. Kölner Haie
3. Preussen Devils Berlin
4. EV Landshut
5. Adler Mannheim
6. Krefeld Pinguine
7. Kassel Huskies
8. Augsburger Panther
9. Schwenninger Wild Wings
10. Frankfurt Lions
11. Ratinger Löwen
12. Nürnberg Ice Tigers
13. Star Bulls Rosenheim
14. SC Riessersee
15. Kaufbeurer Adler
16. EC Hannover
17. EHC Eisbären Berlin
18. ESG Füchse Sachsen

Kelly indes galt in der Branche als knallharter und kompromissloser Geschäftsmann. Im März machte er sich auf den Weg nach Deutschland. Die Ankunft in Landshut verzögerte sich jedoch. Kelly landete auf dem Düs-

Die Landshuter Zugänge zu Saisonbeginn 1995/96: Mike Heidt, Co-Trainer Glen Williamson, Marco Sturm, Thomas Vogl, Dieter Bloem, Jose Charbonneau (von links)

seldorfer Flughafen, bestieg ein Taxi und sagte dem Fahrer als Fahrtziel: »Landshut«. Dieser war zunächst irritiert über das mehr als 600 Kilometer entfernte Fahrtziel und empfahl seinen Fahrgast, aus Kostengründen doch lieber eine der nächsten Maschinen nach München zu buchen. Rechtzeitig zum vereinbarten Treffpunkt mit Marco Sturm, Johann Sturm und Christian Künast, der als Dolmetscher fungierte, traf Kelly im Landshuter Restaurant »Bellini« ein. Christian Künast erinnert sich: »Er hat, abgesehen von dem Missgeschick mit der Anreise, von der ersten Sekunden an sehr überzeugend gewirkt. Man hat ihm angemerkt, dass er nicht nur abkassieren will, sondern sich wirklich um seine Klienten kümmert. Mit ihm, da war ich mir sicher, ist Marco in gute Händen geraten.«

Geheimtraining in Wien

Nach Saisonende nahm Marco Sturm an der U-20-Europameisterschaft im russischen Ufa teil. Die deutsche Mannschaft konnte die im Jahr zuvor in Berlin gewonnene Silbermedaille zwar nicht verteidigen und landete im Abschlussklassement mit zwei Siegen aus fünf Spielen lediglich auf dem sechsten Platz. Für Marco Sturm selbst endete das Turnier jedoch erfolgreich: Mit fünf Toren und sechs Assists avancierte er vor seinen heutigen NHL-Kollegen Sergej Samsonov (Boston) und Olli Jokinen (Florida) zum Topscorer der EM. »Dieses Turnier«, ist Schwager Christian Künast noch heute überzeugt, »war sein Durchbruch.« Auch in Ufa saßen Scouts aus der NHL auf der Tribüne. Einer von ihnen war Tim Burke, angestellt bei den San Jose Sharks. Burke suchte das Gespräch mit Marco Sturm, U-20-Bundestrainer Jim Setters übernahm dabei die Rolle des Dolmetschers. »Russland«, sagt Marco Sturm heute, »war für mich das entscheidende Turnier. Tim Burke hat große Stücke auf mich gehalten. Ihm habe ich es zu verdanken, dass ich in San Jose gelandet bin.«

In Expertenkreisen wurde damit gerechnet, dass der damalige Bundestrainer George Kingston Marco Sturm für das bevorstehende WM-Turnier in Wien berücksichtigen werde. Auch der 17-Jährige hegte insgeheim die Hoffnung. Kingston allerdings lehnte ab. »Wenn ein

Mike Bullard – Vorbild und Vermittler

Wenn man Marco Sturm nach seinen sportlichen Vorbildern befragt, nennt er auf Anhieb zwei Namen: Zum einen Tennisprofi Andre Agassi, den er als Jugendlicher bewunderte. Zum anderen Mike Bullard. Nach nur wenigen Trainingseinheiten in der Profimannschaft des EV Landshut zeigte er sich von seinem 18 Jahre (!) älteren Mannschaftskameraden, der damals eine von nur drei erlaubten Ausländerstellen belegte, angetan: »Mike Bullard imponiert mir. Wie er Eishockey lebt und spielt, ist schon beeindruckend. Von ihm kann ich noch viel lernen«, sagte der junge Marco Sturm. Später stand ihm Bullard mit Rat und Tat zur Seite, wie etwa bei den Streitigkeiten mit Trainer Timo Sutinen oder mit Ratschlägen in seiner ersten NHL-Saison. »Ich habe regelmäßig mit Bully telefoniert. Er hat mir viele Tipps gegeben.« Bullard vermittelte dem heranwachsenden Star auch den Kontakt zu Agent Larry Kelly. »Er hat mich zum richtigen Manager gebracht«, sagt Marco Sturm heute. »Erst jetzt kann ich einordnen, welch großes Glück das im Nachhinein für mich war.« Mike Bullard war Mitte der Neunziger Jahre einer der großen Stars in der höchsten deutschen Spielklasse. 1994 wurde er Bundesliga-Torschützenkönig, im Jahr darauf war er DEL-Topscorer. 1993 war der Kanadier nach Deutschland gekommen, wo er zehn Jahre lang für Landshut, EHC Eisbären Berlin, Schwenninger Wild Wings und am Ende für den Zweitligisten Heilbronner EC spielte. Seit 2003 bekleidet er in Schwenningen das Traineramt.
Vor seinem Wechsel nach Deutschland war Mike Bullard ein großer Name in der NHL. Zwischen 1980 und 1992 bestritt er für die Pittsburgh Penguins, Calgary Flames, St. Louis Blues, Philadelphia Flyers und zuletzt Toronto Maple Leafs 767 NHL-Spiele, in denen er 340 Tore erzielte und 363 weitere vorbereitete. Anfang der Neunziger Jahre verbrachte er zudem zwei Spielzeiten in der Schweiz (Ambri-Piotta, Rapperswil-Jona).

Spieler in einem Jahr die DEL, Junioren-WM und -EM absolviert, dann ist er mental zu müde für eine A-Weltmeisterschaft«, lautete die Begründung des Kanadiers. Trotzdem reiste Marco Sturm in die österreichische Hauptstadt. George Gund, Besitzer der San Jose Sharks, zeigte sich von Tim Burkes Berichten aus Russland äußerst angetan und wollte, am Rande der WM, den jungen Sportler persönlich kennen lernen. Weil Marco Sturms Führerschein keine Fahrten außerhalb der Strecke Lands-

Deutsche in der NHL

Wer einmal in der NHL gespielt hat, gehört zu den »Unsterblichen« im Eishockey. 15 deutsche Profis haben bislang, mehr oder weniger erfolgreich, den Sprung geschafft.

Name	Anzahl Spiele	Zeit	Vereine
Uwe Krupp	810	1986 – 2003	Buffalo, NY Islanders, Quebec, Colorado, Detroit, Atlanta
Olaf Kölzig	589	seit 1989	Washington
Marco Sturm	568	seit 1997	San Jose
Jochen Hecht	360	seit 1998	St. Louis, Edmonton, Buffalo
Ulrich Hiemer	143	1984-1987	New Jersey
Sven Butenschön	136	seit 1997	Pittsburgh, Edmonton, NY Islanders
Stefan Ustorf	59	1995-1997	Washington
Dennis Seidenberg	66	seit 2002	Philadelphia
Christian Ehrhoff	41	seit 2003	San Jose
Sascha Goc	22	2000-2002	New Jersey, Tampa Bay
Jan Benda	9	1997	Washington
Karl Friesen	4	1986/87	New Jersey
Marcel Goc	5	seit 2004	San Jose
Erich Goldmann	1	1999	Ottawa
Udo Kießling	1	1982	Minnesota

hut–Dingolfing erlaubte und Vater Johann als Chef-Organisator des jährlich am 1. Mai stattfindenden Dingolfinger Sandbahnrennens unabkömmlich war, sprang Schwester Nicole, Ehefrau von Christian Künast, als Chauffeurin ein.

Gund lud den jungen Profi zu einem Ritteressen auf eine nahegelegene Burg ein. Am folgenden Tag absolvierte Marco Sturm unter Aufsicht von Tim Burke einen Fitnesstest im Kraftraum eines Wiener Hotels. Am Abend, nachdem er auf der Tribüne der Wiener Stadthalle die 1:6-Niederlage der deutschen Mannschaft im WM-Viertelfinale gegen den späteren Titelträger Tschechien verfolgte, machte er sich mit Schwester Nicole und Schwager Christian Künast auf den Rückweg nach Landshut. Eigentlich wollte auch Gund die entscheidenden WM-Spiele verfolgen – der Unternehmer erhielt jedoch einen Anruf aus der Heimat und machte sich mit seiner Privatmaschine früher als ursprünglich geplant auf den Rückweg.

Zum Draft nach St. Louis

Marco Sturm ging den Draft professionell an. Gemeinsam mit Vater Johann und Schwager Christian Künast, der als Dolmetscher fungieren sollte, flog er bereits eine Woche vor dem eigentlichen Ereignis nach Übersee. Zunächst nach Ottawa, die Heimat seines Agenten Larry Kelly. Kelly wollte eigentlich nicht, dass Künast mitkommt. Sein Klient solle selbstständig werden und sich alleine durchbeißen, so Kellys Motto. Marco Sturm bestand jedoch auf die Dienste seines Schwagers, der gleichzeitig sein bester Freund war. In Ottawa stieß auch EVL-Mannschaftskamerad Mike Bullard zur Gruppe. Marco Sturm wurde von Kelly und Bullard in die Geheimnisse des Golfsports eingeweiht. Gleichzeitig informierten sie ihn, was ihn in den kommenden Tagen erwarten würde. »Beide haben mich damals optimal vorbereitet«, blickt Marco Sturm heute zurück.

Das Prinzip des Drafts ist einfacher als es nach außen erscheint. Die grundlegende Idee: Die vor dem Eintritt ins Profigeschäft stehenden Talente sollen möglichst gerecht und ohne Streitigkeiten unter den Klubs verteilt werden. Um ein möglichst ausgeglichenes Leistungsniveau in der Liga herzustellen, dürfen sich die schwächeren Vereine zuerst aus dem Angebot zu bedienen. Dafür wird eigens eine Wahl-Reihenfolge anhand der Tabelle der Vorsaison erstellt. Wenn ein Spieler gedraftet wird, bedeutet dies aber keineswegs, dass er automatisch in die NHL wechselt beziehungsweise wechseln muss. Ein Klub sichert sich damit lediglich die Transferrechte für den nordamerikanischen Bereich. Kein anderer Klub darf dem Spieler in den kommenden Jahren ein Angebot machen, geschweige denn verpflichten.

Anders als etwa in der Basketball-Profiliga NBA bleiben die Talente nach dem Draft noch ein, zwei Jahre in den Juniorenligen, Minor Leagues oder bei ihren Klubs in Europa. Nur selten gelingt Spielern der sofortige Sprung in die NHL, wie etwa Eric Lindros 1993 oder Ed Jovanovski im Jahr darauf, die von den Philadelphia Flyers beziehungsweise Vancouver Canucks jeweils an Position eins gezogen wurden. Selbst Verteidiger Bryan Berard, im Jahr zuvor Nummer eins Draftpick der Ottawa Senators, verbrachte lieber noch eine Saison bei den Detroit Whalers in der Juniorenliga OHL, ehe er 1996 den Sprung in die NHL wagte.

Marco Sturm gab sich also keinen übertriebenen Hoffnungen hin. Ein sofortiger Wechsel nach Kalifornien kam für ihn nicht in Frage. »Ich habe Zeit«, sagte der Landshuter. Mindestens eine weitere Saison wollte er bei seinem Heimatverein verbringen, um in Ruhe seine noch vorhandenen und für einen 17-Jährigen geradezu natürlichen körperlichen Schwächen zu beheben. Bei einer Körpergröße von 1,80 Meter brachte er zwar schon stolze 81 Kilogramm auf die Waage, für das »Stahlbad

NHL« war dies aber entschieden zu wenig. Die Durchschnittswerte lagen dort bei 1,92 Meter Körpergröße und 95 Kilogramm, das Gros davon Muskelmasse.

Tag der Entscheidung

In einem Ranking (»Scouting Report«) der 250 größten Nachwuchstalente der Welt wurde der gebürtige Dingolfinger als achtbester Europäer an Position 37 geführt. Ein Draftpick in der zweiten Runde schien also wahrscheinlich. Um so erstaunlicher, was sich dann in den beiden Tagen vor der eigentlichen Veranstaltung am 22. Juni 1996 abspielte. Alle Klubs und Draft-Aspiranten waren im gleichen Hotel untergebracht. Eine riesige Kontaktbörse entstand. Für den jungen Deutschen standen zwölf Gesprächstermine mit verschiedenen Klubs auf dem Programm. »Das muss man sich so vorstellen, dass jeder Verein einen eigenen Konferenzraum hat, wo sechs bis sieben Verantwortliche den Spieler interviewen«, erzählt Christian Künast. »Ich war damals furchtbar nervös«, sagt Marco Sturm heute. »Ich wusste am Ende schon gar nicht mehr, wer mir gegenüber sitzt und wie ich mich selbst einschätzen sollte.«

22. Juni 1996, Tag der Entscheidung. Welcher Klub würde sich die Transferrechte an Marco Sturm sichern? Der Jungstar nahm mit Vater Johann und Christian Künast auf der Tribüne im Kiel Center, dem Stadion der St. Louis Blues, Platz. Auf der abgetauten Eisfläche hatte die NHL ein Podium aufgebaut. Nacheinander wurden die Namen der Klubs verkündet und der Spieler, für die sie sich entscheiden hatten. An Position eins wählten die Ottawa Senators Verteidiger Chris Phillips von den Prince Albert Raiders aus der Juniorenliga WHL aus; an Position zwei folgte mit dem jungen Russen Andrej Zyuzin aus Yulajev, ebenfalls Verteidiger, der erste Europäer. Die San Jose Sharks entschieden sich für seine Verpflichtung.

Nur kurze Zeit später kam der große Moment. An Position 21 wären eigentlich die Chicago Blackhawks an der Reihe gewesen. Die San Jose Sharks baten jedoch plötzlich um eine Auszeit. Hastig diskutierten die Delegationen beider Klubs miteinander. Ergebnis: Die Kalifornier tauschten mit dem Klub aus Illinois zwei Ziehungsrechte in späteren Runden. Die Sharks hatten plötzlich Angst, dass Marco Sturm in der zweiten Runde, wenn sie wieder an der Reihe gewesen wären, einen Spieler auszuwählen, nicht mehr zu haben gewesen wäre. An 22. Stelle hatten nämlich die Phoenix Coyotes das nächste Zugriffsrecht. Und die Sharks-Vertreter hatten erfahren, dass auch der Klub aus Arizona lebhaftes Interesse an einer Verpflichtung des Deutschen hatte.

Die Auszeit war beendet und an Position 21 wurde der Name »Marco Sturm« verkündet. Vater Johann Sturm und Christian Künast sprangen vor Überraschung auf, konnten das Geschehen nicht fassen. Marco Sturm blieb nahezu regungslos sitzen. Von zwei NHL-Angestellten wurde der junge Deutsche von seinem Platz abgeholt und aufs Podest geholt. Dort wurden ihm ein Trikot und eine Kappe der Sharks über-

Die Nummer 21 beim Draft: Marco Sturm zwischen Schwager Christian Künast (links) und Vater Johann Sturm

reicht, Fotos gemacht. In den Katakomben des Kiel Center musste Marco Sturm sein erstes TV-Interview in Englisch geben. »Der Rummel war unbeschreiblich«, sagte er.

Später wurden auch sein Jugendfreund Erich Goldmann, der selbst nicht in St. Louis weilte, und Junioren-Nationaltorhüter Kai Fischer (Düsseldorf) berücksichtigt: In der sechsten beziehungsweise achten Runde von den Ottawa Senators und Colorado Avalanche. »Zwei Spieler von uns gedraftet – das bestätigt unsere gute Nachwuchsarbeit«, nahm Landshuts Manager Max Fedra die Botschaft aus der Fremde mit Freude auf. »Wenn Marco aus den USA zurückkommt, werden wir uns zusammensetzen und über seine Zukunft beraten.«

Kein Bierkonsum unter 21 Jahren

Zurück im Hotel wurde Marco Sturm samt Entourage zum Bankett der Sharks eingeladen. Danach hatte Agent Larry Kelly im Hotel-Restaurant zur Feier des Tages eine Party im kleinen Rahmen organisiert. Dabei kam Marco Sturm erstmals mit den Besonderheiten der amerikanischen Gesetzgebung in Konflikt. Als er sich ein Budweiser-Bier bestellen wollte, lehnte die Bedienung den Auftrag ab: Marco Sturm war noch keine 21 Jahre alt. Und vorher ist im US-Bundesstaat Missouri kein Alkoholkonsum gestattet.

Sein Agent griff deshalb zu einem Trick: Er bestellte einen riesigen Kübel Eis mit zwanzig Flaschen Budweiser und platzierte diesen in der Mitte des Tisches. Marco Sturm orderte eine Cola – allerdings nur zum Schein. Schnell bediente auch er sich des amerikanischen Gerstensaftes aus dem Kübel. Mit am Tisch saß auch der neue Sharks-Coach Al Sims. Der damals 43-Jährige, zuvor drei Spielzeiten als Assistenztrainer bei den Anaheim Mighty Ducks tätig, löste den erfolglosen Jim Wiley ab, unter dem die Kalifornier in der Saison 1995/96 abgeschlagen den letzten Platz der Western Conference belegten. Sims freute sich über die kommende Verstärkung aus seiner ehemaligen Wirkungsstätte: Ab Dezember 1984 hatte der Kanadier mit der Erfahrung aus 516 NHL-Spielen selbst für ein halbes Jahr das Trikot des EV Landshut getragen. Zu einer Zusammenarbeit zwischen Sims und Marco Sturm sollte es aber nie kommen. Da sich unter der Regie des Trainers keine Besserung einstellte, musste auch er nach nur einer Saison seinen Posten räumen.

Von 241 Spielern als Nummer 21 ausgewählt – so weit vorne landete noch nie ein aus Deutschland stammender Spieler. Olaf Kölzig wurde 1989 von den Washington Capitals zwar zwei Positionen früher ausgewählt – der Torhüter hatte allerdings im Nachwuchs keine einzige Sekunde in Deutschland gespielt, sondern seine Ausbildung in Kanada und den USA erhalten. Marco Sturm sagte über seinen Arbeitgeber in spe: »Dort spielen nicht so viele namhafte Spieler, es ist eher eine durchschnittliche Mannschaft.« Was angesichts des letzten Platzes der Kalifornier sogar noch übertrieben war. Trotzdem sah er sich bei den Sharks in guten Händen: »Vielleicht ist es auch gar nicht so schlecht, nicht in einer Übermannschaft einzusteigen. San Jose setzt auf junge Leute.« Nicht nur sportlich eröffnet eine Verpflichtung in der ersten Runde des Draftes bessere Chancen auf einen NHL-Vertrag – auch das Einstiegsgehalt und der sogenannte Signing Bonus ist höher.

Die Rückkehr nach Deutschland war kurz. Der Jet Lag war gerade ausgeschlafen, ging es bereits eine Woche später erneut über den »Großen Teich«. Die Sharks hatten ihren Zugang in ein dreiwöchiges Trainingscamp eingeladen. Dabei sollte sich der 17-Jährige schon ein wenig in seiner künftigen Umgebung orientieren können. Zuvor machte er noch einmal vier Tage lang bei seinem Agenten Larry Kelly in Ottawa Station. Der Kanadier hatte für Marco Sturm und drei weiteren seiner Schützlinge Eiszeit in einer nahegelegenen Eishalle gebucht. »Wir waren allerdings weniger zum Trainieren dort, als vielmehr zur Akklimatisierung«, erinnert sich Marco Sturm. »Wir haben viel geredet und einen Crash-Kurs erhalten, wie es denn in Amerika und der NHL so zugeht.« Nicht einmal für Gespräche mit den Vertretern des EV Landshut blieb Zeit. »Sie wissen nur, dass ich in der ersten Runde gedraftet wurde«, sagte der frischgebackene NHL-Aspirant. »Sie sind aber nicht enttäuscht, wenn ich eines Tages gehe. Im Gegenteil: Der Verein hat mich ermuntert.«

Immerhin winkte dem EVL eine nicht zu verachtende finanzielle Entschädigung: Eine Vereinbarung zwischen NHL und Weltverband IIHF sicherte dem abgebenden Verein eine Ausbildungsentschädigung in Höhe von 175 000 Dollar sowie einen finanziellen Nachschlag ab dem 75. NHL-Einsatz.

Saison 1996/1997: Letzte Saison in Landshut

Untergebracht bei seinem Mannschaftskameraden in spe, Shean Donovan, nahm Marco Sturm am Trainingslager der Sharks teil. Der Kanadier, ebenfalls Klient bei Larry Kelly, diente auch als eine Art Fremdenführer für den jungen Deutschen, dem es bei seinem künftigen Arbeitgeber immer besser gefiel als erwartet. Positiv angetan vom American Way of Life in der verschlafenen 900 000 Einwohner-Stadt am südlichen Ende des kalifornischen Silicon Valley und den professionellen Trainingsbedingungen bei den Sharks konnte sich der 17-Jährige auf einmal sogar vorstellen, entgegen seiner ursprünglichen Absicht sofort nach Übersee zu wechseln. »Ich hoffe, dass mich Landshut die Vorbereitungsspiele der Sharks im September mitmachen lässt«, ließ Marco Sturm aus dem fernen Amerika verlauten. »Und wer weiß, vielleicht wollen sie mich dann gleich hier behalten.«

Die Verantwortlichen des EV Landshut nahmen den Sinneswandel ihres Aushängeschildes mit Schrecken zur Kenntnis. Einerseits wollten sie dessen weiteren Entwicklung natürlich keine Steine in den Weg legen. Andererseits hatten sie sich bei ihren Personalplanungen auf den Verbleib eines ihrer wichtigsten Leistungsträger eingestellt. Als Manager Max Fedra der NHL-erfahrene Italo-Kanadier Gino Cavallini zur Verpflichtung angeboten wurde, griff er sicherheitshalber sofort zu. »Damit wollte ich auf Nummer sicher gehen«, so Fedra.

Der neue Sharks-Coach Al Sims war von den Leistungen des Deutschen im Trainingslager derart angetan, dass er ihn zu einem sofortigen Wechsel nach Übersee zu überreden versuchte. Marco Sturm befand sich allerdings in einem Gewissenskonflikt: Eigentlich hatte er den Landshutern seine Zusage für eine weitere Saison gegeben, und sein Wort wollte er nicht brechen. Für August kündigte Sims einen Besuch an seiner ehemaligen Wirkungsstätte an, um die Angelegenheit zu klären. »In den nächsten zwei, drei Wochen bekommen wir Klarheit, wo ich spielen werde«, sagte Marco Sturm.

Noch bevor der Kanadier die Reise nach Europa antrat, war die Entscheidung jedoch gefallen. In den Büroräumen des EVL kam es zu einer Aussprache zwischen Marco Sturm und den Vereinsverantwortlichen des EVL. Manager Max Fedra machte dem Youngster klar, dass er eine weitere Saison in der immer stärker werdenden DEL besser aufgehoben sei als in einer nordamerikanischen Minor League oder Juniorenliga. Denn einen Stammplatz in ihrem NHL-Kader wollten die Sharks dem Deutschen trotz allem Wohlwollen nicht garantieren. Eine Gehaltsaufbesserung auf rund 80 000 Mark brutto sollte ihm den Verbleib erleichtern. Marco Sturm folgte der Argumentation des Managers und die einstündige Sitzung endete mit einem Anruf in Kalifornien: Der Youngster teilte Trainer Al Sims mit, dass er eine weitere Saison für seinen Heimatverein spielen werde. Auch der EVL erklärte sich zu einem Kompromiss bereit: Nach der Teilnahme mit der Nationalmannschaft am World Cup dürfe Marco Sturm Anfang September ins Trainingslager der Sharks abreisen. Pünktlich zum DEL-Start am 20. September – der EVL gastierte in Kassel – würde der Youngster allerdings in der Heimat zurück erwartet.

Größte Enttäuschung der Karriere

Mitte August rückte Marco Sturm ins Trainingslager der Nationalmannschaft für den erstmals ausgetragenen World Cup, dem Nachfolgeturnier des legendären Canada Cups, ins Bundesleistungszentrum in Füssen ein. Obwohl im Ranking des Weltverbandes IIHF zum Zeitpunkt der Nominierung des Teilnehmerfeldes lediglich auf dem neunten Platz notiert, erhielt das DEB-Team von den Veranstaltern, NHL und Spielergewerkschaft NHLPA, eine »Wild Card« für das Aufeinandertreffen der besten acht Nationen der Welt. Bundestrainer George Kingston nominierte 27 Spieler für das Trainingslager, von denen bis Turnierstart allerdings noch einer gestrichen werden musste.

Am 20. August 1996 feierte Marco Sturm mit 17 Jahren sein Debüt in der Nationalmannschaft – und das ausgerechnet vor eigenem Publikum im Eisstadion am Landshuter Gutenbergweg. Gegen die Auswahl Russlands musste sich das DEB-Team 2:4 geschlagen geben. Zwei Tage später unterlag es in Mannheim mit dem gleichen Ergebnis gegen die Slowakei. Für Marco Sturm ist das Spiel im Eisstadion im Friedrichspark mit einer bis heute schmerzvollen Erinnerung verbunden. Im Anschluss an die Partie teilte ihm Bundestrainer George Kingston mit, dass ausgerechnet er der eine Spieler sei, der noch aus dem Kader weichen müsse. Eine Erklärung blieb Kingston schuldig. Noch heute sagt Marco Sturm: »Das war die größte Enttäuschung meiner Karriere.«

Vater Johann Sturm empfindet die Ausbootung noch heute als »stillos«. Während der Rückfahrt mit dem Mannschaftsbus ins Trainingslager nach Füssen wurde Marco Sturm an einer Autobahn-Raststätte ausgesetzt, wo er sich mit seinem Vater verabredet hatte. »Ich habe das Bild noch heute vor mir«, erzählt Johann Sturm. »Wie ich auf die Raststätte gefahren bin. Es war stockfinster und mitten zwischen den ganzen Lastern stand Marco und wartete.« Die Heimfahrt nach Dingolfing verlief wortlos. »Er wollte nicht reden und saß auf dem Beifahrersitz, stumm wie ein Fisch«, erinnert sich der Vater. »Nur einmal zeigte er eine Reaktion: Er drosch mit seinem

Unterarm mit voller Wucht gegen die Beifahrertür.« Schwager Christian Künast, der auf der Torhüterposition dem erstmals für Deutschland spielberechtigten NHL-Profi Olaf Kölzig (Washington) weichen musste, sagte: »Marco war schon früher einer, der nicht gerne verloren hat. Für ihn war die Nicht-Nominierung eine bittere Niederlage und er war lange Zeit sehr sauer auf Kingston.«

Die deutsche Mannschaft schlug sich im Vergleich mit den besten Profis aus der NHL überraschend gut. In Stockholm musste man sich zwar Schweden mit 1:6 geschlagen geben und in Helsinki verlor man nicht minder deutlich gegen Finnland 3:8. Der 31. Augsut 1996, ein verregneter Samstag, wurde jedoch zu einer der größten Sternstunden in der Geschichte des deutschen Eishockeys: Im Olympia-Eisstadion in Garmisch-Partenkirchen fegte die Mannschaft von Bundestrainer Kingston in einem unvergessenen Spiel die hoch favorisierten Tschechen mit 7:1 vom Eis und war damit für die Endrunde in Kanada qualifiziert. Dort musste sie sich allerdings in Montreal Gastgeber Kanada 1:4 geschlagen geben. Marco Sturm reiste statt dessen mit dem EV Landshut zu einem Turnier in die finnische Universitätsstadt Jyväskylä.

Probleme mit Trainer Sutinen

Die finanzielle Situation für den EV Landshut zu Saisonbeginn 1996/97 stellte sich alles andere als rosig dar. Die vergangene Spielzeit wurde erneut mit einem Verlust abgeschlossen, der Etat für die neue Saison deshalb von 8,5 auf 8,1 Millionen Mark zurückgefahren. Die Vorstandschaft gab als Zielsetzung für die Vorrunde einen Platz unter den ersten sechs sowie für das Play off das Erreichen des Halbfinales aus. »Der Verein hat nicht so gut eingekauft«, nahm der 17-jährige Marco Sturm kein Blatt vor den Mund. Nach nur einem Jahr trennten sich seine Wege und die seines Schwagers Christian Künast. Der Torhüter war das Reservistendasein leid und suchte bei den Kaufbeurer Adlern, an die er schon in der Saison zuvor kurzzeitig ausgeliehen war, eine neue Herausforderung. Auch die Verteidiger Rick Amann und Michael Bresagk sowie die Angreifer Anthony Vogel, Ralf Hantschke und Andreas Loth verließen den Verein.

Mit der Verpflichtung der beiden Schweden Jonas Jonsson und Lars Hurtig sowie die Finnen Olli Kaski und Vesa Salo machte sich Manager Max Fedra das Bosman-Urteil zu Nutze. Von den Star Bulls Rosenheim kam Verteidiger Markus Wieland, aus dem eigenen Nachwuchs Torhüter Markus Nachtmann. Unsicher war auch die sportliche Zukunft von Abwehrchef Udo Kießling, der in der Halbfinalserie der Vorsaison einen Kieferbruch erlitten hatte. »Ich fürchte, dass er nicht gesund geschrieben wird«, sagte Manager Max Fedra kurz vor Saisonstart und sollte Recht behalten. Kießling hoffte ein ganzes Jahr lang auf sein Comeback, beendete dann heimlich, still und leise seine Karriere.

Auf den neuen Trainer, den Finnen Timo Sutinen, der zuletzt als Scout für den NHL-Klub Winnipeg Jets arbeitete und den Kanadier Bernie Johnston ablöste, hielt Marco Sturm indes große Stücke: »Bisher habe ich nur gutes über ihn gehört. Ich glaube, dass unter ihm härter trainiert wird und dass das vor allem den jungen Spielern zu Gute kommt.« Das dachte auch Manager Max Fedra und wagte einen Vergleich zu Vorgänger Bernie Johnston: »Der hat zwar verstanden, dass Marco ein großes Talent ist. Aber er war nie der große Förderer.«

Beider Meinung sollte sich aber schnell ändern. Bereits zwei Tage nach Rückkehr vom Turnier in Jyväskylä stand für Marco Sturm die vereinbarte Reise zum Trainingscamp bei den San Jose Sharks auf dem Programm. Trainer Sutinen, der von der Absprache zwischen Manager Fedra und der Familie Sturm nichts wusste, stellte sich jedoch auf einmal quer. Der Finne wollte dem jungen Deutschen den Flug nach Amerika verbieten und sprach ihm sogar die Tauglichkeit für die beste Liga der Welt ab: »Er ist noch nicht für die NHL bereit.« Manager Fedra steckte auf einmal in der Zwickmühle, denn er wollte nicht über den Kopf des Trainers hinweg entscheiden. »Seine Reaktion ist verständlich«, nahm Fedra den Finnen sogar in Schutz. »Einerseits soll er einen jungen Spieler fördern. Andererseits soll er im Training auf ihn verzichten.«

In einer Nacht- und Nebelaktion in die USA

»Das Ticket war gebucht und noch am Abend vor dem geplanten Abflug wussten wir nicht, ob Marco die Reise antreten darf«, erinnert sich Vater Johann Sturm. In seiner Not fragte er spätabends Mike Bullard und Wally Schreiber, die erfahrensten Spieler im EVL-Team um Rat. Die Antwort von Schreiber war eindeutig: »Hau einfach ab!« Bullard leistete sogar Fluchthilfe: Der Kanadier war im Besitz des Schlüssels zur Landshuter Mannschaftskabine, in der Marco Sturms gesamte Ausrüstung lagerte. Am nächsten Morgen sperrte er dem Youngster die Tür auf. Womit keiner gerechnet hätte: Auch Max Fedra hatte frühmorgens etwas in der Kabine zu erledigen und erwischte Marco Sturm, als der gerade dabei war, seine Tasche zu packen. Fedra gab seinen Segen. »Im Nachhinein war es die völlig richtige Entscheidung, zu fliegen«, sagt Marco Sturm heute.

Der Youngster sollte mit seiner Einschätzung über die Personalpolitik des EVL recht behalten. Am vierten Spieltag feierten die Cannibals zwar einen historischen 14:1-Kantersieg bei den Nürnberg Ice Tigers, bei dem er einen Hattrick (drei Treffer) erzielte. Ansonsten enttäuschte die Mannschaft jedoch auf weiter Strecke: Die Leistungsträger erreichten nicht die Form der Vorsaison und die Neuzugänge konnten nicht die erhofften Akzente setzen. Nach acht Spieltagen stand der EVL mit acht Punkten im Mittelfeld der Tabelle. Präsident Hans Eller übte nach der »Nullrunde«

am vierten Wochenende der Saison – die Cannibals mussten sich 0:2 gegen Köln und 3:6 in Ratingen geschlagen geben – offene Kritik an der Taktik von Trainer Sutinen: »Eishockey ist ein Kampfsport. Die Fairplay-Tabelle ist ein Muster ohne Wert.«

Der EVL fiel in der Tabelle ins Mittelfeld zurück und die Unruhe im Klub wuchs von Tag zu Tag, weil die Qualifikation für die Meisterrunde der besten sechs Mannschaften immer weiter in die Ferne rückte. Nach der 1:3-Heimniederlage Mitte Dezember gegen Adler Mannheim forderten die Fans lautstark den Rauswurf von Trainer Sutinen und feierten dessen Vorgänger Bernie Johnston. Bei der anschließenden Weihnachtsfeier nutzte Vizepräsident Michael Imhoff die Gelegenheit, um mit einer Brandrede die lasche Berufseinstellung einiger Profis in Frage zu stellen, was sich natürlich nicht stimmungsfördernd auf das Fest auswirkte. Kapitän Mike Bullard gelobte im Namen der kompletten Mannschaft Besserung.

Marco Sturm war einer der wenigen Spieler im, oder gar über dem Soll. Trainer Sutinen fühlte sich nach dem Streit um die Teilnahme am Trainingslager der Sharks jedoch in seiner Autorität verletzt. Und der mittlerweile 18-Jährige bekam dies immer wieder zu spüren. Er hatte bei dem Finnen einen immer schwerer werdenden Stand: In Schlüsselsituationen oder gegen Spielende ließ Sutinen einen seiner besten Spieler auf der Bank schmoren – eine Erklärung dafür gab er niemals ab. Vater Johann Sturm suchte daraufhin das Gespräch mit Manager Fedra. Seine Worte waren deutlich: »Das, was hier abläuft, ist doch wie im Kindergarten. Das können wir uns sparen.«

Das Problem erledigte sich Anfang Januar von selbst. Trotz der finanziell angespannten Lage des Vereins wurde Sutinen nach einer 3:7-Pleite bei den Augsburger Panthern gefeuert, als neuer Coach der Kanadier Wayne Fleming verpflichtet. Für Marco Sturm lief es fortan wieder besser.

Erneutes Gerangel zwischen Verein und Verband

Im November kam es erneut zu Reibereien mit dem Verband – wie schon rund eineinviertel Jahre zuvor. Bundestrainer George Kingston wollte Marco Sturm für Deutschland Cup in Stuttgart nominieren, Nachwuchs-Bundestrainer Erich Kühnhackl pochte jedoch auf dessen Mitwirken beim U-20-Team, das zeitgleich durch Kanada tourte. »Ich hätte lieber für die A-Mannschaft gespielt«, ärgerte sich der 17-Jährige. Erich Kühnhackl ließ sich jedoch nicht erweichen: »Er war bereits von der NHL gedraftet. Und ich war überzeugt, dass es ihm mehr bringt, gegen die besten kanadischen Juniorenspieler, seine künftigen Gegenspieler, seinen Mann zu stehen, als ein paar Kurzeinsätze im A-Team zu absolvieren.« Marco Sturm fügte sich den Anweisungen.

Nur einen Monat später eskalierte aber die Situation. Kühnhackl forderte seinen besten Spieler erneut an: Für die Weltmeisterschaft vom 26. Dezember bis 4. Januar in Genf und Morges in der Schweiz. In diesem Zeitraum standen allerdings auch drei Spiele für den EVL in der DEL auf dem Plan. Nachdem die Versuche von Max Fedra, wenigstens zwei Partien zu verlegen, am Veto des Gegners scheiterten, verweigerte der Manager seinem viertbesten Scorer die Freigabe. Seine Begründung: »Wenn man einen Spieler einbaut und fördert, so wie wir es bei Marco Sturm getan haben, dann ist es natürlich um so schwieriger, wenn man ausgerechnet in der heißen Phase der Saison auf ihn verzichten soll.«

Für die Cannibals sah es in der Tabelle mittlerweile gar nicht gut aus: Als Tabellensiebter mussten sie um die Teilnahme an der Meisterrunde, für die sich die besten sechs Teams der 30 Spieltage umfassenden Vorrunde qualifizierten, bangen. Am vorletzten Vorrunden-Spieltag mussten die Niederbayern beim Tabellensechsten Star Bulls Rosenheim antreten. Und in diesem vorentscheidenden Spiel wollten die Niederbayern nicht auf ihren Nachwuchsstar verzichten. Kühnhackl platzte fast der Kragen: »Jetzt, wo Marco gezeigt hat, dass er mithalten kann, und mehr als das, wollen sie ihn auf einmal haben. Als er jedoch 16 Jahre alt war und schon locker im Profiteam hätte mithalten können, hatten sie keine Interesse.« Marco Sturm saß zwischen den Stühlen und bot sich als Streitschlichter an: »Zur Not fahre ich selbst nach Füssen, um mit den Verantwortlichen zu sprechen.« Im Allgäu hatte das U-20-Team bereits sein Trainingslager bezogen.

Der Fall wanderte erneut vor das Schiedsgericht, das entschied, dass der EVL seinen Nachwuchsstar für die beiden letzten WM-Spiele abstellen müsse, ansonsten würde er für die DEL gesperrt. Schließlich würden auch Adler Mannheim mit Jochen Hecht und die Star Bulls Rosenheim mit Markus Pöttinger ihren Verpflichtungen nachkommen. Letztendlich spielte Marco Sturm weder für das Nationalteam noch für den EVL – Landshut Manager Max Fedra hatte Widerspruch gegen das Urteil eingelegt. Die Cannibals verloren das Match in Rosenheim 2:3 und mussten in die Qualifikationsrunde. Und auch die U-20-Nationalmannschaft stand in Genf und Morges ohne ihren besten Spieler auf verlorenem Posten, musste sich in der Vorrunde gegen USA (0:8), Kanada (1:4), Tschechien (2:8) und Gastgeber Schweiz (2:6) klar geschlagen geben. Auch zum Auftakt der Abstiegsrunde setzte es eine 2:8-Pleite gegen Schweden. Erst mit einem 7:0 im letzten Turnierspiel gegen Polen sicherte sich die Mannschaft den Klassenverbleib. »Schade, dass die Situation damals derart eskaliert ist«, sagt Marco Sturm heute. »Das hätte es nicht gebraucht.«

Wiederum »Sportler des Jahres«

Bis Amerika drang der Freigabestreit um Marco Sturm nicht vor. Und so setzte sich Dean Lombardi, der General Manager der San Jose Sharks, in ein Flugzeug nach Zürich, um sich in der Schweiz persönlich über den Leistungsstand seines Profis in spe zu erkundigen. Erst vor Ort erfuhr er von Marco Sturms Fehlen und änderte daraufhin seine Reisepläne. Nach der WM reiste er nicht sofort in die USA zurück, sondern machte einen kleinen Umweg über Landshut, wo er Marco Sturm beim 5:1 der Cannibals zum Auftakt der Qualifikationsrunde gegen die Nürnberg Ice Tigers in Augenschein nahm.

Trotz des bislang enttäuschenden Saisonverlaufs mit dem EVL konnte Marco Sturm seinen im Vorjahr erstmals gewonnen Titel zum Landshuter »Sportler des Jahres« verteidigen. Bei der vom Landshuter Wochenblatt durchgeführten Wahl vereinte der 18-Jährige 1176 Stimmen auf sich, 201 mehr als der Zweitplazierte Karateka Josef Bianchini. Auch die Cannibals wurden wie im Vorjahr Erster. Die Konkurrenz war nach dem Bundesliga-Abstieg der Basketballer allerdings gering: Auf Platz zwei landeten die Gewichtheber des Stemmclub Bavaria 20.

Und noch eine gute Nachricht: Bundestrainer George Kingston nominierte den Youngster für das Qualifikationsturnier für die Olympischen Winterspiele in Nagano, das Anfang Februar in der neuen Arena in der Einkaufsmeile Centro in Oberhausen ausgetragen wurde. Gegner des deutschen Teams waren die Schweiz, Ukraine und Slowakei, die im Vorjahr bei der WM in Wien als Neuling positiv überrascht hatte. Für das deutsche Eishockey stand viel auf dem Spiel, nur die beiden Erstplatzierten qualifizierten sich direkt für Nagano, der Dritte musste noch ein Ausscheidungsspiel gegen den Dritten der Parallelgruppe bestreiten. »Das ist eine große Herausforderung für das deutsche Eishockey«, sagte Bundestrainer George Kingston.

Um der Mannschaft den Ernst der Lage zu verdeutlichen, brachte Erich Kühnhackl, der auch als Assistent von Bundestrainer Kingston arbeitete, in die erste Mannschaftssitzung als Anschauungsunterricht seine frisch polierte Bronzemedaille von 1976 in Innsbruck mit. Ältere Spieler wie Kapitän Dieter Hegen oder Torhüter Peppi Heiß mussten über ihre Olympia-Erfahrungen in aus Calgary, Albertville oder Lillehammer referieren. »Der Trainer hat bei uns das Olympiafieber geweckt«, sagte Marco Sturm. Trotzdem begann das Turnier mit einer Enttäuschung: Nach dem 4:4 gegen die international drittklassigen Ukrainer schien die Olympia-Qualifikation bereits in weite Ferne gerückt. Danach steigerte sich jedoch das deutsche Team, schlug zunächst die Schweiz souverän 4:1, dann die Slowakei 3:2. Marco Sturm konnte sich bei seinem ersten Turniereinsatz im Herrenbereich zwar nicht in die Scorerwertung eintragen, fuhr in der zweiten Sturmreihe an der Seite von Mark MacKay (Schwenningen) und Jan Benda (Sparta Prag) aber großes Lob ein: »Der jüngste Spieler im Kader meisterte seine internationale Feuertaufe grandios«, schrieb das Fachblatt Eishockey NEWS.

Lehrzeit unter Wayne Fleming

Auch für die Cannibals lief es nach dem Trainerwechsel besser. Der neue Übungsleiter Wayne Fleming verstand es, im Gegensatz zu seinem Vorgänger Timo Sutinen, das Leistungspotenzial von Stars wie Mike Bullard, Gino Cavallini oder Wally Schreiber auszureizen. Zum Teil auch zu Lasten des jungen Marco Sturm, der sich erneut über unzureichende Eiszeit beschwerte. »Ich habe unter ihm anfangs eine harte Zeit erlebt«, erinnert sich der Jungstar an die ersten Wochen der Zusammenarbeit mit dem NHL-erfahrenen Coach zurück, der später auch die kanadische Nationalmannschaft betreute. »Er hat die Sturmreihe mit mir, Günther Oswald und Paul Geddes oft in den entscheidenden Spielphase sitzen lassen, obwohl wir, meines Erachtens, gut gespielt haben und unsere Torproduktion absolut gestimmt hat.« Der Kanadier Geddes hatte sich kurz vor Transferschluss von den Nürnberg Ice Tigers kommend den Niederbayern angeschlossen.

Erneut suchten der 18-Jährige und sein Vater das Gespräch mit Manager Max Fedra, der sich allerdings nicht in die sportlichen Kompetenzen des Übungsleiters einmischen wollte. »Das ist Sache des Trainers«, stellte Fedra unmissverständlich klar. Heute bezeichnet Marco Sturm seine Reaktion als »jugendlichen Übermut«. Seine Replik: »Wayne Fleming ist ein erfahrener und mit allen Wassern gewaschener Trainer. Er wollte mich einerseits nicht verheizen, andererseits meinen Ehrgeiz anstacheln. Wir begegnen uns heute regelmäßig in der NHL und verstehen uns ausgezeichnet.« Im weiteren Saisonverlauf und dem Play off bildete der Jungstar sogar gemeinsam mit Mike Bullard und Gino Cavallini den ersten Überzahl-Block.

Mit einem 6:1-Kantersieg über die Kaufbeurer Adler räumten die Cannibals bereits drei Spieltage vor Schluss alle theoretischen Zweifel aus dem Weg und qualifizierten sich als Sieger der Qualifikationsrunde doch noch für das Play off. Im Viertelfinale trafen sie zur Abwechslung mal wieder auf die Kölner Haie, den Zweiten der Meisterrunde. Dreimal in Folge waren die Domstädter zuletzt für den EVL Endstation, zudem hatten sie beide Vorrunden-Duelle für sich entschieden. »Das wird eine wahnsinnig spannende Serie«, prophezeite Eishockey-Idol Erich Kühnhackl. »Der Heimvorteil wird wohl für die Haie den Ausschlag geben.«

K.o. gegen Meister Mannheim

Kühnhackl sollte sich irren, denn diesmal gelang es den Niederbayern, sich ihres Köln-Traumas zu entledigen. Das erste Spiel an der Kölner Lentstraße ging nach 1:0-Führung zwar mit 3:6 verloren. Dann jedoch kam der EVL auf Touren. Das Rückspiel in Landshut gewannen die Cannibals mit 4:3 nach Verlängerung. Helmut Steiger erzielte den entscheidenden Treffer. Marco Sturm hatte die zwischenzeitliche Kölner 1:0-Führung ausgeglichen. Die Spiele drei und vier gewannen die Cannibals 4:2 und 3:1 und qualifizierten sich für das Halbfinale gegen Vorrunden-Primus Adler Mannheim. »Die Landshuter schwimmen nach ihrem Erfolg gegen Köln auf einer Euphoriewelle. Dass es ihnen aber gelingt, die Adler auszuschalten, glaube ich nicht«, sagte Erich Kühnhackl und sollte Recht behalten. Gegen den späteren Titelträger war für den EVL Endstation. Die Cannibals lieferten den Mannheimern einen größeren Kampf, als es das Gesamtresultat von 3:0 widerspiegelt. In allen drei Spielen (5:7, 2:4, 3:4) waren sie ein gleichwertiger Gegner und hatten eine reelle Siegchance.

Marco Sturm kam in 53 Saisonspielen auf 17 Tore und 31 Vorlagen und war damit schon in seinem zweiten DEL-Jahr bester in Deutschland geborener Spieler in der gesamten Liga. Das Deutsche Sport-Fernsehen (DSF) lud ihn deshalb nach dem dritten Halbfinalspiel gegen Mannheim in seine Studiosendung FINISH am Sonntagabend, ein. Der Sender scheute keine Kosten und wollte den 18-Jährigen per Helikopter von Mannheim zu Moderator Bernd Heller ins Studio nach München-Ismaning einfliegen. Trainer Wayne Fleming verbot nach dem Play-off-K.o. jedoch den TV-Auftritt und ordnete, mit den Worten »Er soll sehen, wie die Stimmung nach dem Play-off-Ausscheiden ist«, die Heimreise im Mannschaftsbus an. Manager Max Fedra unterstützte die erzieherische Maßnahme des Trainers und ging mit dem jungen Hoffnungsträger hart ins Gericht: In einem Interview mit dem Landshuter Wochenblatt sagte er: »Wenn ich mir die Play-off-Spiele anschaue, egal ob gegen Köln oder gegen Mannheim, dann muss ich schon sagen: Das Supertalent Marco Sturm hat noch einen großen Nachholbedarf, um in diesen entscheidenden Spielen ein echter Leistungsträger für sein Team zu werden.«

Pokerspiel mit den Sharks

Sein Agent Larry Kelly pokerte derweil hoch, wollte für seinen Schützling einen, für einen Liga-Neuling eher ungewöhnlichen, One-Way-Vertrag erhalten, der auch für den Fall der Versetzung ins Farmteam volle Bezüge garantiert. Die Sharks allerdings blieben hart. Die Verhandlungen zogen sich in die Länge. Als Absicherung verlängerte Marco Sturm kurz nach Rückkehr von seinem WM-Debüt in Finnland seinen Vertrag beim EV Landshut um eine weitere Saison, natürlich mit Ausstiegsklausel für die NHL. »Marco und sein Vater waren nervös geworden«, erinnert sich EVL-Manager Max Fedra. Auch die Kölner Haie und ihr Manager Miro Sikora zeigten damals reges Interesse, Marco Sturm entschied sich jedoch für ein weiteres Jahr bei seinem Heimatverein, sollte es, wider Erwarten, mit dem Wechsel nach Nordamerika nicht klappen.

»Es wurde bis zur letzten Minute gepokert – und das im wahrsten Sinne des Wortes«, blickt der heutige NHL-Profi zurück. Am Abend des 19. Juli, dem Tag der Transfer-Deadline für Liga-Neulinge, wartete er im Elternhaus in Dingolfing-Teisbach auf den Bescheid aus Übersee. Mit dabei Vater Johann Sturm und Schwager Christian Künast als Dolmetscher. »Die Warterei war sehr unangenehm«, so der Profi. Durch die Zeitverschiebung zog sie sich bis tief in die Nacht. Kurz vor 22 Uhr spuckte das Faxgerät einen ersten Vertragsentwurf aus. Christian Künast übersetzte

Eishockey unter Palmen in San Jose

Als die NHL Anfang der Neunziger Jahre den Schritt vom Nischensport in Kanada und dem Nordosten der USA in die Großstädte und Ballungszentren wagte und ihr Teilnehmerfeld sukzessive von 21 auf heute 30 Klubs erweiterte, sollte auch die San Francisco Bay ein erstklassiges Eishockey-Team erhalten. Im Süden der Bucht, in der Computer-Metropole San Jose, der Hauptstadt des Silicon Valley, wurden die Sharks angesiedelt. Eishockey war zu dieser Zeit im sogenannten Sun Belt, dem Sonnengürtel der USA, groß im Kommen. Durch den Wechsel von Wayne Gretzky von Edmonton nach Los Angeles wurde im Süden und Westen des Landes ein riesiger Boom ausgelöst. Neben San Jose (1991) expandierte die Liga auch nach Tampa (1992), Miami (Florida Panthers), Anaheim, Dallas (alle 1993) und später Phoenix (1996), Raleigh-Durham (Carolina Hurricanes/1997), Nashville (1998), Atlanta (1999) und zuletzt Columbus (2000).
George und Gordon Gund, Besitzer von Kellogg's Cornflakes, ließen sich die Franchise damals rund 55 Millionen Dollar kosten. Als die Sharks – Name und Logo sollten Kraft, Schnelligkeit und Aggressivität symbolisieren – in der Saison 1991/1992 den Spielbetrieb aufnahmen, war die Mannschaft nicht konkurrenzfähig. In der Liga wurde über die »zahnlosen Haie«, die nicht einmal eine richtige Heimat hatten, gelächelt. Weil die San Jose Arena (heute HP Pavilion) erst 1993 ihre Pforten öffnete, mussten sie ihre Heimspiele zwei Jahre lang im Cow Palace von San Francisco, einer umgebauten Rodeohalle, bestreiten. In ihren ersten beiden Spielzeiten waren die Kalifornier jeweils das punktschlechteste Team der gesamten NHL. In der Saison 1992/1993 verloren sie 71 von 84 Spielen. Der kanadische Stürmer Pat Falloon, der lettische Torhüter Arturs Irbe, der heutige General Manager Doug Wilson und der spätere Landshuter Dean Evason waren damals die Stars des Teams.
Bei Besitzer George Gund, der unter anderem ein Ferienhaus am Chiemsee besitzt und alle zwei Wochen in seinem Privatjet nach Europa jettet, spielte Geld keine Rolle. Davon profitierten auch die Sharks. 1994 und 1995 erreichte die mit dem Schweden Ulf Dahlen und den Russen Igor Larionow und Sergej Makarow verstärkte Mannschaft jeweils das Play off und sorgte dort mit Siegen über die favorisierten Teams aus Detroit und Calgary für kleine Sensationen. Die Spielzeiten 1995/1996 und 1996/1997 erinnerten dann jedoch eher wieder an die Anfangsjahre: Die Sharks waren Schlusslicht ihrer Division.
Erst 1996, mit der Beförderung von Dean Lombardi vom Director of Hockey Operations zum General Manager begann ein kontinuierlicher Aufschwung. Der damals 38 Jahre alte Amerikaner war wesentlich am Aufbau einer schlagkräftigen Truppe beteiligt und holte unter anderem Marco Sturm in die San Francisco Bay. »Ich bin bei meinen Traum-Klub gelandet«, sagte der Niederbayer unmittelbar nach seiner Verpflichtung. Besonders die kalifornische Sonne und das dortige Klima hatten es ihm angetan. Sechs Jahre in Folge konnten die Sharks ihre Punktausbeute steigern – das gelang zuvor noch keinem anderen Klub in der NHL-Geschichte (seit 1917).

Nachdem Marco Sturm in San Jose derart gut einschlug, verpflichtete der Klub in den vergangenen Jahren so viele deutsche Spieler wie kein anderer: Mit dem Schwenninger Marcel Goc, dem Krefelder Christian Ehrhoff, dem Kölner Dimitri Pätzold (alle 2001), dem Rosenheimer Patrick Ehelechner sowie den beiden Kölnern Kai Hospelt (beide 2003) und Thomas Greiss (2004) sicherten sich die Sharks im Draft die Transferrechte an sechs weiteren Deutschen. Aber nicht erst seit der Verpflichtung von Marco Sturm haben die Sharks einen starken Deutschland-Bezug: Ihr erster Headcoach (1991 bis 1993) war der spätere Bundestrainer George Kingston (1994 bis 1998). In den ersten Jahren arbeitete zudem der Füssener Anton Waldmann als Talentscout für den Klub.
Mit Wirkung zum 1. Januar 2003 verkauften George und Gordon Gund, denen auch der NBA-Basketball-Klub Cleveland Cavaliers und die dortige Halle gehören, die Franchise an eine Gruppe lokaler Investoren, die »San Jose Sports & Entertainment Enterprises« (SJSEE), einem Konsortium aus zwölf Geschäftsleuten, zu dem auch der Deutsche Hasso Plattner, einst Mitbegründer des Software-Giganten SAP, gehört. Das Wirtschaftsmagazin Forbes schätzt den heutigen Wert des Klubs auf rund 141 Millionen US-Dollar, womit die Sharks eine Spitzenposition in der Liga einnehmen. Laut Vertrag von 1991 hat sich der Klub bis mindestens 2018 an die Stadt San Jose gebunden.

hastig den Inhalt und stellte fest: »Alles in Ordnung.« Larry Kelly bat seinen Schützling allerdings telefonisch, das Angebot nicht zu unterzeichnen. Weitere Stunden vergingen. Um kurz nach fünf Uhr morgens erreichte die Wartenden ein weiterer Entwurf – diesmal erteilte Kelly sein Okay. Marco Sturm setzte seine Unterschrift unter das Arbeitspapier und faxte es in die NHL-Zentrale nach New York.

Was Marco Sturm unterschrieb, war zwar nicht die von Kelly erhoffte Ein-Wege-Vereinbarung, dafür aber machten die Kalifornier zusätzlich zum Jahresgehalt von durchschnittlich 800 000 Dollar in den nächsten drei Spielzeiten (zwei Jahre plus Option auf Seiten des Klubs) eine Antrittsprämie in Höhe von 950 000 Dollar locker. »Wir waren damals völlig perplex«, sagt Johann Sturm heute. »Wir hatten keine Vorstellung von so viel Geld. Für uns stand immer nur das Sportliche im Vordergrund.«

Beinahe hätte aber das Kreiswehrersatzamt den NHL-Plänen einen Strich durch die Rechnung gemacht. Wenige Tage nach der Vertragsunterschrift erreichte den Jung-Millionär ein Schreiben, wonach er zum 1. Oktober seinen Dienst bei der Bundeswehr anzutreten habe. Bei seiner

Abschluss-Tabelle

1. Adler Mannheim
2. Kassel Huskies
3. EHC Eisbären Berlin
4. EV Landshut
5. Kölner Haie
6. Berlin Capitals
7. Star Bulls Rosenheim
8. Krefeld Pinguine
9. Düsseldorfer EG
10. Schwenninger Wild Wings
11. Augsburger Panther
12. Kaufbeurer Adler
13. Frankfurt Lions
14. Nürnberg Ice Tigers
15. Wedemark Scorpions
16. Ratinger Löwen

EV Landshut Saison 1996/97

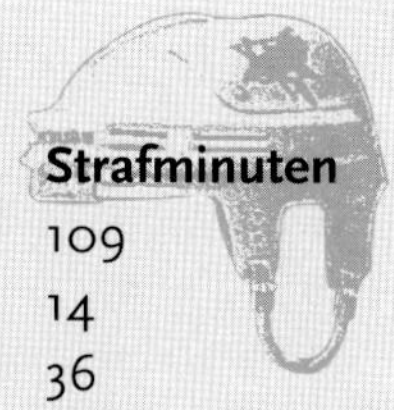

Position	Name	Spiele	Tore	Assists	Punkte	Strafminuten
S	Mike Bullard	54	25	55	80	109
S	Wally Schreiber	54	23	38	61	14
S	Gino Cavallini	55	28	31	59	36
S	Marco Sturm	53	17	31	48	46
S	Jacek Plachta	55	14	25	39	56
S	Lars Hurtig	43	14	15	29	50
S	Helmut Steiger	52	12	16	28	16
S	Jonas Johnsson	55	9	19	28	10
S	Georg Franz	55	8	18	26	20
V	Olli Kaski	54	15	10	25	34
S	Günter Oswald	41	10	14	24	18
V	Michael Heidt	43	5	18	23	28
S	Jörg Handrick	43	6	15	21	31
V	Peter Gulda	51	7	13	20	102
S	Henri Marcoux	54	11	6	17	12
V	Markus Wieland	54	4	11	15	80
V	Eduard Uvira	49	3	10	13	54
S	Paul Geddes	17	5	5	10	6
S	Jose Charbonneau	13	5	4	9	41
V	Vesa Salo	49	3	6	9	24
V	Michael Bresagk	34	1	8	9	22
TW	Petr Briza	55	0	6	6	32
S	Stephan Retzer	28	1	4	5	10
TW	Markus Nachtmann	1	0	0	0	0

Trainer: Timo Sutinen/Wayne Fleming

Musterung zwei Jahre zuvor wurde der Niederbayer wegen einer Schulterverletzung und Rückenproblemen zwar für den Grundwehrdienst befreit, hätte aber in der Kaserne Bürodienst verrichten sollen. Dingolfings damaliger Bürgermeister Erwin Rennschmid erklärte den Fall zur obersten Dienstsache und konnte die Behörde gnädig stimmen. »Er hat zunächst um Freistellung gebeten«, blickt Marco Sturm zurück. »Später war die Bundeswehr dann kein Thema mehr, weil mein Musterungsgrad abgeschafft wurde.«

Beim Saisoneröffnungsfest zur neuen Saison wurde Marco Sturm offiziell vom EV Landshut verabschiedet. Beim 4:2-Sieg gegen die Kassel Huskies absolvierte er im ersten Drittel zwei Kurzeinsätze, dann verließ er unter den Glückwünschen des Stadionsprechers und tosendem Applaus von 3500 Zuschauern die Eisfläche. Seine

Chancen auf einen Stammplatz bei seinem künftigen Arbeitgeber ordnete er wie folgt ein: »Es kommt mir entgegen, dass San Jose zu den schwächeren Teams gehört. Da kann ich vielleicht leichter den Sprung in den NHL-Kader schaffen als bei einem stärkeren Klub. Außerdem wollen die Sharks nach dem zuletzt schwachen Abschneiden ihren Kader verjüngen.«

Saison 1997/1998: Der Kampf beginnt

Aller Anfang ist schwer. Auch für Marco Sturm in der NHL. Mit gemischten Gefühlen rückte er Ende August als jüngster Spieler ins Trainingscamp der Sharks ein. Nachdem das Team zweimal in Folge das Play off um den Stanley Cup verpasste, gab es im Kader einige tiefgreifende Änderungen. Neben ihm kämpften 64 weitere Profis aus Kanada, den USA, Schweden, Finnland und Russland um die 24 Plätze im Stammteam. Auch Stars und erfahrene Leistungsträger wie Owen Nolan, Jeff Friesen, Tony Granato oder Bernie Nicholls mussten sich beim neu verpflichteten Trainer Darryl Sutter, der als Nachfolger des nach nur einer Saison entlassenen Al Sims aus dem Management der Chicago Blackhawks an die Bande der Sharks wechselte, neu beweisen. »Wir hatten ein ungutes Gefühl«, berichtet Vater Johann Sturm. »Der Rauswurf von Al Sims war für uns ein Problem, den er war einer, der auf den Marco gebaut hat.« Über Darryl Sutter holten sich Vater und Sohn Sturm beim Landshuter Angreifer Wally Schreiber Informationen ein. Und der Routinier, der Sutter aus gemeinsamen Tagen in der Minor League IHL kannte, berichtete nichts Gutes. Johann Sturm: »Wir haben schon schwarz gesehen.«

Die Bedenken allerdings waren unbegründet. Die Umstellung auf die kleineren Eisflächen in Nordamerika und das dort praktizierte, physisch anspruchsvollere Spiel gelang Marco Sturm unerwartet gut. Zwei Wochen lang hatte er sich vor seinem Flug nach Übersee noch mit seinen alten Mannschaftskameraden beim EV Landshut vorbereitet und hatte damit einen Trainingsvorsprung vor vielen seiner nordamerikanischen Kollegen, die direkt vom Sommerurlaub aufs Eis gingen. »Hier ist alles doppelt so schnell, die Spieler sind alle zwei Köpfe größer als in Deutschland. Du hast null Zeit, musst immer den Kopf oben haben, sonst wirst Du gnadenlos verräumt«, lautete seine Bestandsaufnahme nach den ersten Trainingswochen.

Trotzdem knüpfte er in seiner neuen Umgebung nahtlos dort an, wo er in der Heimat aufgehört hatte. Gleich im ersten Vorbereitungsspiel auf die neue Saison, einem 1:0-Sieg bei der Colorado Avalanche, bereitete der »Rookie« den Treffer des Tages durch Patrick Marleau, ebenfalls Liga-Neuling und einer der herausragenden kanadischen Nachwuchsspieler seines Geburtsjahrgangs, vor. Bei der 1:4-Niederlage in einem weiteren Test gegen die Los Angeles Kings leistete er ebenfalls die Vorarbeit zum einzigen Treffer der Sharks. Von seiner Rückennummer 39, die er zwei Jahre beim EV Landshut und in der Nationalmannschaft getragen hatte, musste sich Mar-

Nach der Auszeichnung zum Rookie des Monats: Marco Sturm abgebildet in der Stadionzeitung der Sharks

co Sturm verabschieden. Vor dem ersten Testspiel machte ihm Sharks-Star Jeff Friesen unmissverständlich klar: »Die habe ich!« Der Deutsche war verschreckt und wunderte sich über den barschen Tonfall und den bösen Gesichtsausdruck seines ansonsten freundlichen Mannschaftskollegen. Dann entspannte Friesen seine Miene jedoch zu einem Lächeln: Er hatte den Neuling nur hochgenommen. Später teilten sich Marco Sturm und Friesen bei Auswärtsreisen das Zimmer und wurden auch privat gute Freunde. Als Rückennummer wählte er die 19 aus: »Ich wollte die neun auf alle Fälle drin haben und die 29 hat mir nicht gefallen. Da bin ich einfach weitere zehn Zahlen runter.«

Bei seinen neuen Vorgesetzten gelang es dem Deutschen schnell Anklang zu finden. »Marco hat uns mit seiner Schnelligkeit, seinem Einsatzwillen, seiner Spritzigkeit und seinem Wesen überzeugt«, lobte Trainer Darryl Sutter seinen Neuzugang. Marco Sturm hatte schnell erkannt: »Wenn Du kämpfst und Deine Arbeit machst, hast Du ein Plus bei ihm.« Um ihn den Einstieg zu erleichtern, setzte Sutter seinen jungen Schützling nicht auf dessen angestammter Mittelstürmerposition ein, wo er das Spiel gestalten muss, sondern als Außen: »Das war anfangs schon eine Umstellung, ich wusste gar nicht, wohin ich laufen sollte.« Seither ist Marco Sturm auf dieser Position hängen geblieben.

Erstes Tor im ersten Spiel

Das Trainingscamp der Sharks präsentierte sich als die erwartete Knochenmühle. »Seine Trainingsmethoden sind schon fast brutal«, beschrieb Marco Sturm seinen neuen Vorgesetzten, Darryl Sutter. »Das ist kein Vergleich zu Deutschland und der

DEL.« Anders als vor einem Jahr, als er noch relativ unbeschwert auftreten konnte, war er für die etablierten Spieler diesmal ein ernst zu nehmender Konkurrent um einen der wenigen Stammplätze geworden. »Das war wie ein Kampf jeder-gegen-jeden«, berichtete Marco Sturm. »Alle wollen einen Platz im Team. Da wird provoziert ohne Ende und mit Psychotricks gearbeitet. Vor allem junge Spieler aus Europa versucht man einzuschüchtern. Auch mir ist es passiert, dass mich ein Rauhbein aus dem Farmteam zu einem Faustkampf herausfordern wollte, aber ich habe mich nicht darauf eingelassen.« Eine Woche vor Saisonstart bat ihn General Manager Dean Lombardi, nach Trainingsende in sein Büro zu kommen. Marco Sturm befürchtete, trotz seiner guten Leistungen ins drei Zeitzonen und 3500 Kilometer entfernte Farmteam Kentucky Thoroughblades in die zweitklassige American Hockey League (AHL) abgeschoben zu werden, wie schon ein Dutzend Spieler vor ihm. Doch der Manager hatte gute Nachrichten parat: »Du hast es geschafft.«

Das erste Saisonspiel gegen die Edmonton Oilers (3:5) erlebte Marco Sturm dennoch nur auf der Tribüne. Trainer Darryl Sutter musste für jedes Spiel aus seinem 24-köpfigen Aufgebot vier Akteure streichen, weil nur deren 20 auf dem Spielberichtsbogen Platz finden – und zum Auftakt traf es ihn, den Neuling. »Der Trainer hat mir gesagt, dass dies kein Grund zur Beunruhigung sei und ich demnächst sicher zum Einsatz kommen werden«, berichtet er. »Ich hatte überhaupt nicht richtig Zeit, nachzudenken. Ich war so froh, dass ich überhaupt dabei war.«

Im zweiten Heimspiel am 4. Oktober gegen die Chicago Blackhawks stand Marco Sturm tatsächlich im Aufgebot und sorgte gleich für Furore: Die Sharks gewannen 3:2 – und den Siegtreffer erzielte vier Minuten vor Spielende der Debütant nach einem spektakulären Alleingang. Für San Jose waren es zugleich die ersten Punkte der noch jungen Saison. Die Mitspieler herzten den Liga-Neuling, Kapitän Todd Gill fischte derweil den Puck aus dem Tornetz und überreichte ihn dem glückseligen Deutschen. Heute hängt die Scheibe, eingerahmt an einer Trophäenwand, im Elternhaus in Dingolfing-Teisbach. »Das war, glaube ich, eines meiner schönsten Tore überhaupt«, sagte Marco Sturm, der gleich in seinem ersten Spiel zum »Spieler des Tages« gekürt wurde; der Fernsehsender CNN wählte den Treffer zum »Play of

Lebte sich in San Jose rasch ein: Marco Sturm in der Kabine der Sharks

the Day«. Die Tageszeitung »The Mercury News« schrieb am nächsten Tag: »Eine der besten Einzelleistungen und eines der schönsten Tore, die man seit langer Zeit von einem Sharks-Spieler gesehen hat« und bezeichnete Marco Sturm als »deutschen Wirbelwind.«

Der so hoch Gelobte sagte euphorisch: »Das war ein Start nach Maß. Von mir aus kann es ruhig so weitergehen.« Und das ging es auch. Beim 5:2-Heimsieg gegen die Boston Bruins toppte er seine Leistung aus dem Spiel gegen Chicago: Für viele Experten war sein Treffer zum 3:1 der schönste der noch jungen Saison. Mit einem Hechtsprung düpierte Marco Sturm Bruins-Schlussmann Jim Carey und zauberte den schon verloren geglaubten Puck in die Maschen. Der Torschütze beschrieb seinen Treffer als »ein Produkt aus Einsatzbereitschaft und Glück. Ich war selbst völlig überrascht, als der Puck auf einmal im Netz zappelte und die Leute vor Begeisterung geschrien haben.« Erneut wählte CNN den Treffer zum »Play of the Day«, ab sofort war der junge Deutsche der Publikumsliebling in der San Jose Arena.

Das Internet war damals noch in seinen Ursprüngen und noch lange nicht so verbreitet wie heute. Und so dauerte es, bis die Nachricht vom Traumeinstand das heimische Landshut erreichte. Als der Hallensprecher beim Heimspiel gegen die Kassel Huskies (3:1) die Glanztaten von Marco Sturm verkündete, skandierte das Publikum in der Eissporthalle am Gutenbergweg »Marco, Marco«. Bereits in einem der ersten Saisonspiele waren die Sharks zu Gast bei der Colorado Avalanche in Denver. Für Marco Sturm war es das erste Aufeinandertreffen mit dem zu diesem Zeitpunkt als besten deutschen Eishockey-Profi geltenden Verteidiger Uwe Krupp. Die Begegnung verlief kurz: Als beide Teams am Bullypunkt Aufstellung nahmen, stand der Ex-Kölner auf einmal neben dem Neu-Kalifornier. »Uwe hat gegrinst, hat kurz ›Hallo‹ gesagt – auf mich hat er einen sehr smarten Eindruck gemacht«, erinnert sich Marco Sturm. Bei den Olympischen Winterspielen drei Monate später in Nagano lernten sich die beiden deutschen NHL-Legionäre besser kennen, heute sagt Marco Sturm: »Ein tadelloser Sportsmann und unheimlich sympathischer Kerl.« Obwohl der junge Deutsche auch gegen die Avalanche einen Treffer erzielte, reichte es für die Sharks nicht zum Sieg – sie verloren 2:3.

Wenig Unterstützung durch den Klub

In seinem zehnten Einsatz, dem Auswärtsspiel bei den New York Islanders, erzielte er 54 Sekunden vor Spielende erneut den Siegtreffer zum 2:1 und übernahm mit seinem dritten Siegtreffer die Führung der Rangliste der Game Winning Goals in der gesamten NHL. Auch bei den Sharks war Marco Sturm mit acht Punkten Topscorer und mit der Seagate Technology Trophy zum »Spieler des Monats November« ausgezeichnet. Auf einmal galt der Deutsche, der im November zum »Rookie des Monats« in der Liga gewählt, als aussichtsreicher Anwärter auf die Calder Memorial Trophy, den Pokal für den besten Neuling der Liga, eine der prestigeträchtigsten Auszeichnungen im nordamerikanischen Profisport. Das kicker Sportmagazin titelte in der Heimat mit »Sturmlauf ins große Glück.« Und Marco Sturm erklärte seinen aufsehenerregenden Einstand wie folgt: »Auch ich bin ein klein wenig überrascht. Aber vielleicht waren die vielen Kanadier in der DEL ja gut für mich. Dadurch war ich bestens auf die Härte in der NHL vorbereitet.«

Angetrieben durch den sportlichen Erfolg fühlte sich der Junggeselle in seiner neuen Heimat pudelwohl. Auch mit Sprache, Zeitverschiebung und der körperlichen Belastung durch mehr als 80 Vorrunden-Spieltage hatte er weniger Probleme als ursprünglich angenommen. Körperlichen Ausgleich suchte er beim Fahrradfahren. Und Heimweh? »Nicht die Spur«, sagte der inzwischen 19-Jährige. »Jeden Tag scheint die Sonne, wir haben 30 Grad, so lässt es sich leben.« Heute begründet er seine schnelle Eingewöhnung in der Fremde wie folgt: »Ehrlich gesagt: Damals war alles so schnelllebig. Training, Spiele, Auswärtsreisen und wieder Training. Ich hatte gar keine Zeit, groß nachzudenken. Ich bin da auf einer Welle mitgeschwommen. Wahrscheinlich hat es mir auch geholfen, dass ich damals in Landshut frühzeitig auf eigenen Beinen gestanden habe.«

Mitte Oktober, Marco Sturm hatte soeben bei der 2:3-Niederlage in Philadelphia nach einem Check von Eric Lindros ein blaues Auge verpasst bekommen, erhielt er von General Manager Dean Lombardi und Cheftrainer Sutter auch das Signal, das für junge Spieler den endgültigen Durchbruch bedeutet. Er solle aus seinem Zimmer im Hilton Hotel ausziehen und sich ein eigenes Appartement suchen, ließ man ihn wissen. »Das heißt: Der Verein baut auf mich«, freute sich Marco Sturm, schob allerdings gleich eine Warnung hinterher: »Ich darf mich jetzt nicht zu sicher fühlen. Das Beispiel von Stefan Ustorf hat gezeigt, dass bei Verletzungspech oder ausbleibendem Erfolg die Versetzung ins Farmteam nur eine Frage der Zeit ist.« Der ehemalige Kaufbeurer wurde vor Marco Sturm Anfang der Neunziger Jahre als der kommende Star im deutschen Eishockey gepriesen und war 1994 in die nordamerikanische Profiliga gewechselt. In der Saison 1995/96 glaubte Ustorf bei den Washington Capitals mit guten Leistungen den Sprung zum Stammspieler geschafft zu haben, wurde im Folgejahr aber nach nur sechs Einsätzen wieder ins Farmteam zurückgeschickt. Reichlich frustriert kehrte der Allgäuer 1997 in die DEL zurück und schloss sich den Berlin Capitals an.

Aus genau diesem Grund war Marco Sturm auch nicht traurig, als die Sharks eine Anfrage des Deutschen Eishockey-Bundes (DEB) ablehnten, ob der Youngster die U-20-Nationalmannschaft nicht bei der Junioren-Weltmeisterschaft zur Jahreswende in Finnland verstärken könne. »Auch Patrick Marleau hatte einen entsprechenden Antrag des kanadischen Verbandes vorliegen, aber die Sharks gaben auch ihm keine Freigabe. Ich war darüber nicht unglücklich, denn in der NHL kann alles so schnell gehen. Ein anderer macht auf deiner Position ein paar gute Spiele und schon bist du vergessen«, so Marco Sturm. Bei Wohnungssuche und Autokauf leisteten die Sharks, im Gegensatz zu deutschen Klubs, die sich diesbezüglich um alles kümmern, wenig bis gar keine Hilfestellung, was den jungen Deutschen sehr verwunderte: »Und das, obwohl der Klub über 80 Angestellte hat. Aber die älteren Spieler greifen einem da schon ein wenig unter die Arme und schauen, dass man nicht in falsche Hände gerät.« Bei Auswärtsspielen teilte der mittlerweile 19-Jährige auf Anweisung von Trainer Sutter zunächst mit dessen jüngerem Bruder Ron Sutter (34 Jahre), später mit Tony Granato und am Ende mit Murray Craven (beide 33) das Zimmer. »Das hat der Trainer mit Absicht gemacht, dass sich ein älterer um einen jüngeren Spieler kümmert.« Auch Torhüter Mike Vernon erkundigte sich immer wieder um sein Wohlbefinden. Heute weiß er, warum: »Mike hatte mit Larry Kelly den gleichen Agenten wie ich. Er wurde wohl angewiesen, ein Auge auf mich zu werfen.«

Mit erhobenem Haupt: Marco Sturm beweist Übersicht

Bayerisch an der Hotelbar

Die Verbindungen in die Heimat erleichterten ihm den Einstieg. Mit Wolfgang Huber lernte er einen jungen Dingolfinger kennen, der in San Jose eine Ausbildung zum Computer-Fachmann absolvierte. »Er war zwar schon einige Jahre älter als ich, aber egal. Wir haben uns gut verstanden und unheimlich viel angesehen«, erinnert sich Marco Sturm zurück. »Wir waren im nahe gelegenen San Francisco oder am Strand, wenn ich frei hatte. Leider ist der Kontakt abgerissen, weil er wegen der Bundeswehr zurück nach Deutschland musste.«

Ansonsten stand für den Wahl-Amerikaner die Regeneration im Vordergrund: »Nach ein paar Monaten ist man schon ziemlich geschafft, weil man so viele Spiele hat. Da ist man schon mal froh, daheim zu sein und seine Ruhe zu haben.« Außer mit seinen Eltern telefonierte er mehrfach die Woche auch mit seinem ehemaligen Mannschaftskameraden Mike Bullard und mit seinem Jugendfreund Erich Goldmann. Der Verteidiger war im Sommer ebenfalls nach Übersee gewechselt, konnte sich allerdings im Trainingscamp der Ottawa Senators nicht durchsetzen und verdingte sich bei deren Farmteam Worcester Ice Cats in der zweiten Profiliga AHL. »Wir haben bei unseren Telefonaten gar nicht mal so sehr über Eishockey gesprochen«, blickt Erich Goldmann zurück, »sondern vielmehr über private Dinge, wo es Probleme gibt und was so alles in Deutschland los ist.«

Anfang Januar kam es sogar zum lang erwarteten Treffen. Marco Sturm spielte mit den Sharks in Boston, Erich Goldmann hatte am gleichen Abend ein Heimspiel mit den Ice Cats. Umgehend nach Spielende setzte sich der Verteidiger in seinen Pkw und legte die 45 Kilometer auf dem Highway nach Boston zurück. An der Hotelbar verbrachten die beiden Dingolfinger einen bayerischen Abend. Im Februar erhielt er zudem Besuch von seinem ehemaligen Mannschaftskameraden und Schwager, Christian Künast, der inzwischen bei Adler Mannheim spielte. Die DEL hatte bereits ihre vierwöchige Olympia-Pause eingelegt, und der Torhüter nutzte die Gelegenheit, einige Spiele der Sharks vor Ort mitzuerleben. Marco Sturm war durch den Besuch aus der Heimat doppelt motiviert und erzielte beim 5:2 über die New York Rangers den Siegtreffer. »Das ist eine ganz andere Eishockey-Welt«, war Künast sofort begeistert.

Am Bullypunkt gegen »The Great One«

Der Deutsche hatte sich inzwischen in die erste Sturmreihe der Sharks mit Jeff Friesen und Tony Granato hochgearbeitet und avancierte zu einer Art Lieblingsschüler seines Trainers Darryl Sutter. »Marco ist ein echter Glücksgriff für uns. Er ist ein Spieler, dem man nicht ständig die Grundbegriffe des Eishockeys beibringen muss. Das findet man bei einem solch jungen Spieler nur ganz selten. Er kann außerdem noch viel mehr, als er bislang gezeigt hat«, so Sutter. »Ich bin mit Marco und unseren anderen jungen Spielern sehr zufrieden. Sie können auch auf die Zähne beißen und stehen den etablierten Stars in nichts nach. Ich will sie mit viel Eiszeit fördern.« Marco Sturm gab das Lob an seinen Trainer zurück: »Ich fühle mich blendend, bin auf dem Eis mittlerweile recht routiniert, spiele Unterzahl und Überzahl und darf aufs Eis, wenn es eng ist.«

Und noch ein Grund zur Freude: Mit einem 5:1-Heimsieg gegen die Detroit Red Wings verdrängten die Sharks Mitte Dezember die Edmonton Oilers vom achten Tabellenplatz der Western Conference und standen erstmals in dieser Saison in den Play-off-Rängen, die sie bis zum Schluss nicht mehr verlassen sollten. Am 30. Dezember waren sie zu Gast bei Florida Panthers in Miami. Am folgenden Abend wollte das Team in Miami Beach zudem gemeinsam den Jahreswechsel feiern. Marco Sturm nutzte die Gelegenheit und lud seine Mannschaftskameraden am gleichen Abend zu der für Liga-Neulinge obligatorischen Rookie-Party ein. Gemeinsam mit Patrick Marleau, Andrej Zyuzin und Alexander Korolyuk, ebenfalls Neulinge, ließ er in einem Restaurant im Art-Deco-Viertel einige Tische reservieren. »Ich wurde vorgewarnt, dass dies eine recht kostspielige Sache werden würde. Aber das übertraf meine kühnsten Vorstellungen: Es wurden nur die teuersten Getränke bestellt und nach einmal Nippen wieder zur Seite gestellt«, beschrieb Marco Sturm das dekadente Fest. Der Deutsche hatte Glück: Die Kosten hielten sich mit knapp 2000 Dollar pro Person in Grenzen. Verteidiger Brad Stuart etwa, zwei Jahre später einziger Rookie im Sharks-Team, musste für seine Rookie-Party über 9000 Dollar berappen.

Anfang Februar kam es für Marco Sturm zu einem besonderen Spiel. Zu Gast in der San Jose Arena waren die New York Rangers mit Wayne Gretzky, dem besten Eishockey-Spieler aller Zeiten, in ihren Reihen. Die 2:3-Niederlage war für den Deutschen zweitrangig. »Meine Augen waren den ganzen Abend nur auf ihn gerichtet«, erzählt er. »Ich kannte Wayne Gretzky vorher nur aus dem Fernsehen, aus der Zeitung und als Figur in Computerspielen. Nun stand ich ihm erstmals leibhaftig gegenüber.« Etwa zur Mitte des Spiels kam es bei einem Bully sogar zum direkten Duell gegen »The Great One«, so Gretzkys Spitzname. »Da wäre mir fast das Herz in die Hose gerutscht«, sagt Marco Sturm. »Der war so cool dagestanden, da hab ich mir gedacht: Da gewinne ich locker den Puck. Aber ehe ich überhaupt geschaut habe, war er schon in seinem Besitz.«

Abschluss-Tabelle Western Conference

1.Dallas Stars
2.Detroit Red Wings
3.St. Louis Blues
4.Colorado Avalanche
5.Los Angeles Kings
6.Phoenis Coyotes
7.Edmonton Oilers
8.San Jose Sharks
9.Chicago Blackhawks
10.Toronto Maple Leafs
11.Calgary Flames
12.Anaheim Mighty Ducks
13.Vancouver Canucks

Play-off-Achtelfinale

Dallas Stars – San Jose Sharks 4:2

Neuer Klubrekord der Sharks

Zurückgekehrt von seinem zehntägigen Kurzgastspiel bei den Olympischen Spielen im japanischen Nagano konnte Marco Sturm nicht mehr ganz seine herausragenden Leistungen der ersten Saisonhälfte abrufen und verlor seinen Platz in der Paradereihe: »Die ersten drei Monate waren wie ein Traum. Ich bin förmlich über das Eis geflogen. Doch nach Weihnachten kam ein kleiner Einbruch. Mein Körper war auf Dauer drei oder vier Spiele die Woche nicht gewohnt«, stellte er nach Saisonende in einem Interview mit seiner Heimatzeitung »Dingolfinger Anzeiger« fest. Zudem versetzte ihn Trainer Sutter von der mittlerweile lieb gewonnenen Flügelposition wieder in die Mitte. Ausgerechnet auf seiner angestammten Position tat er sich jedoch schwerer als erwartet: »Das Spiel als Center ist in der NHL anders, als ich es gewohnt bin«, so Marco Sturm. »Auf den kleinen nordamerikanischen Eisflächen kann man nicht wie in Europa von hinten nach vorne durchmarschieren, sondern läuft immer Gefahr, gecheckt zu werden. Auf dem Flügel gefällt es mir mittlerweile besser und ich würde künftig dort gerne wieder spielen. Dort kann ich meine Stärken besser zur Geltung bringen.«

San Jose Sharks Saison 1997/98

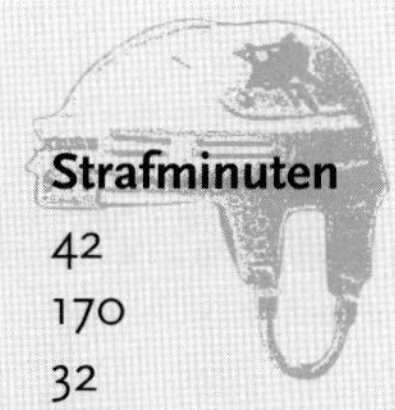

Position	Name	Spiele	Tore	Assists	Punkte	Strafminuten
S	Jeff Friesen	85	31	33	64	42
S	Owen Nolan	81	16	29	45	170
S	John MacLean	57	15	22	37	32
V	Bill Houlder	88	8	27	35	50
S	Patrick Marleau	79	13	20	33	14
S	Bernie Nichols	66	6	27	33	34
S	Murray Craven	73	13	18	31	25
S	Stephane Matteau	77	15	15	30	60
S	Marco Sturm	76	10	20	30	40
S	Mike Ricci	65	10	17	27	36
S	Tony Granato	60	16	9	25	70
V	Marcus Ragnarsson	85	5	20	25	69
V	Todd Gill	64	8	13	21	31
V	Mike Rathje	87	4	12	16	65
V	Andrej Zyuzin	62	7	7	14	80
S	Shawn Burr	48	6	6	12	58
V	Marty McSorley	56	2	10	12	140
S	Joe Murphy	16	6	5	11	34
S	Jarrod Skalde	22	4	6	10	14
V	Doug Bodger	28	4	6	10	32
V	Al Iafrate	27	3	7	10	38
S	Ron Sutter	63	3	7	10	36
S	Dave Lowry	56	4	4	8	69
S	Viktor Kozlow	18	5	2	7	2
S	Shean Donovan	20	3	3	6	22
S	Alexander Korolyuk	19	2	3	5	6
V	Richard Brennan	11	1	2	3	2
V	Bryan Marchment	18	0	3	3	53
S	Steve Guolla	7	1	1	2	0
S	Andrej Nazarow	40	1	1	2	112
TW	Mike Vernon	62	0	2	2	24
S	Barry Potomski	9	0	1	1	30
S	Niklas Andersson	5	0	0	0	2
V	Ken Sutton	8	0	0	0	6
S	Dody Wood	8	0	0	0	40
TW	Kelly Hrudey	28	0	0	0	2
TW	Jason Muzzatti	1	0	0	0	0

Trainer: Darryl Sutter

Ungeachtet der Probleme ihres Rookies knüpften die Sharks nach der Pause nahtlos an ihre guten Leistungen der ersten Saisonhälfte an. Im November war als weitere Verstärkung Mike Ricci, ehemaliger Stanley-Cup-Gewinner mit Colorado Avalanche, gekommen und fügte sich gut ins Team ein. Mit einer Erfolgsserie mit nur einer Niederlage aus den letzten neun Vorrundenspielen qualifizierten sich die Kalifornier mit deutlichem Vorsprung vor den Verfolgern Chicago Blackhawks und Toronto Maple Leafs als Achter der Western Conference erstmals seit zwei Jahren wieder für das Play off und stellten zudem mit 34 Siegen einen neuen Klubrekord auf. Marco Sturm avancierte mit zehn Treffern und 20 Assists in 74 Einsätzen auf Anhieb zum sechstbesten Scorer in seinem Team und fünftbesten Neuling der gesamten Liga – eine stolze Leistung, wurde der Neulings-Jahrgang 1997/98 doch als der beste der Dekade bezeichnet. Die Calder Memorial Trophy als Auszeichnung für den »Rookie des Jahres« gewann der Russe Sergej Samsonov von den Boston Bruins, dem in 87 Einsätzen 24 Tore und 30 Assists gelangen.

Ordnung muss sein: Der Spind der Nummer 19

Im Play off auf der Tribüne

Im Play off wurde den Kaliforniern ein schnelles Ende prophezeit. Gleich in Runde eins trafen sie auf das punktbeste Team der Western Conference, die Dallas Stars. Und tatsächlich setzte es gleich zum Auftakt zwei deutliche Niederlagen in der Reunion Arena zu Dallas: 1:4 und 2:5. »In den Play offs war auf einmal alles völlig anders. Das waren völlig andere Spiele als in der normalen Saison, noch intensiver, noch härter«, stellte Marco Sturm fest. Im ersten Auftritt vor eigenem Anhang gelang den Sharks mit 4:1 die Revanche. Auch von einem frühen Rückstand ließen sie sich nicht beirren und schlugen aus den zahlreichen Disziplinlosigkeiten der Texaner (67 Strafminuten, darunter eine Matchstrafe gegen Torhüter Ed Belfour) Kapital. Spiel vier entwickelte sich zu einem Krimi: Erst in der siebten Minute der Verlängerung gelang Andrej Zyuzin, ansonsten ein eher defensiv orientierter Verteidiger, der einzige Treffer zum 1:0-Sieg der Sharks. Neben Torschütze Zyuzin avancierte

Torhüter Mike Vernon zum Held des Abends: Als erstem Torhüter in der Vereinsgeschichte der Sharks gelang dem Kanadier ein Shut-out in einem Play-off-Spiel.

Zuversichtlich reisten die Kalifornier zurück nach Texas, wo sich allerdings die Stars in Spiel fünf knapp mit 3:2 durchsetzen konnten. Im sechsten Spiel, wieder in der San Jose Arena, verspielten die Sharks einen 2:0-Vorsprung, erneut musste die Verlängerung entscheiden. Nach 3:43 Minuten der Overtime zerstörte Stars-Angreifer Mike Keane mit seinem zweiten Treffer an diesem Abend zum 3:2-Sieg (zuvor hatte er bereits ein Unterzahltor zum 1:2 erzielt) sämtliche Play-off-Hoffnungen der Sharks. Den Stanley Cup gewannen die Detroit Red Wings, die im Finale die Washington Capitals (mit dem Deutschen Olaf Kölzig im Tor) souverän mit 4:0-Siegen bezwangen.

Nicht nur als Torschütze erfolgreich: Marco Sturm auf der Suche nach einer Anspielstation

Marco Sturm erlebte das Saisonende seines Teams von der Tribüne aus mit. In den sechs Play-off-Partien war er lediglich zweimal zum Einsatz gekommen (0 Tore, 0 Assists, 0 Strafminuten). Grund: Schon bei Olympia und in der Endphase der Saison hatte ihm wieder die Handgelenkverletzung zu schaffen gemacht, die er sich bei der Weltmeisterschaft im Jahr zuvor in Finnland zugezogen hatte. »Es war schon komisch«, sagt er. »Zu Saisonbeginn war das wie weggeblasen, aber im Saisonverlauf kamen zunehmend Schmerzen auf. Am Ende ging nichts mehr, ich konnte nur noch mit Spritzen trainieren und spielen.«

Noch vor seiner Rückkehr nach Landshut unterzog sich der Deutsche in San Jose einer Operation, die seine Teinahme mit der Nationalmannschaft bei der Weltmeisterschaft in der Schweiz verhinderte. Aber der Eingriff, bei dem eine Absplitterung am Handgelenk behoben wurde, verlief nicht plangemäß. Nach nur vier Tagen wurden ihm die Fäden gezogen, zurück in der Heimat entzündete sich die frische Wunde. »Der Sommer war brutal warm«, blickt Marco Sturm zurück. »Ich wollte ein Reha-Programm bei Hubert Schenkel, dem Masseur des EVL, absolvieren, bekam aber auf einmal Fieber. Ich dachte zunächst, es wäre nur eine leichte Sommergrippe.« Als Hubert Schenkel den Verband abnahm, waren beide geschockt: »Alles war alles voller Eiter«, erinnert er sich. »Ich hatte Riesenglück, dass nichts Schlimmeres passiert ist.«

Die Jahre in der NHL

Saison 1998/1999: Optimistisch ins zweite Jahr

Voller Zuversicht und Selbstvertrauen reiste Marco Sturm Ende August ins Trainingscamp der Sharks. Wenige Wochen später folgte ihm seine Freundin Astrid Vettori. Nach seinem erfolgreichen Einstand in Übersee sagte er: »Es heißt immer, die zweite Saison ist die schwerste. Aber ich habe viel bessere Karten als in der vergangenen Saison. Im Grunde kann ich mich nur noch selbst aus dem Team spielen. Ich denke, dass ich gesetzt bin und der Klub langfristig mit mir plant.« Zwei Wochen lang trainierte der NHL-Legionär mit seinen alten Mannschaftskameraden beim EV Landshut, der drei Wochen früher in die Saison startete als die Sharks. Selbst wenn der für ihn undenkbare Fall einer Degradierung ins Farmteam eintreten sollte, war eine Rückkehr nach Deutschland kein Thema: »Dann werde ich eben in der Minor League versuchen, den Sprung zurück in die NHL zu schaffen.«

Mit dem deutschen Eishockey hatte er nach nur einem Jahr Abstinenz abgeschlossen: »Ich will so lange in der NHL spielen, wie es geht. Und das nicht nur wegen des Geldes. Das Eishockey drüben ist eine ganz andere Welt. Das kann sich in Deutschland keiner vorstellen. Das muss man einfach mal erlebt haben.« Die Entwicklung in der Heimat, wo deutsche Spieler in der DEL durch die völlige Öffnung für ausländische Profis vollends zu Randerscheinungen verdrängt wurden, und die Nationalmannschaft bei der WM in der Schweiz nur den elften Platz belegte, verfolgte er mit Sorge: »Von den DEL-Klubs werden zu viele zweitklassige Spieler verpflichtet, die den jungen deutschen Talenten nur die Plätze wegnehmen. Meine Mitspieler in San Jose haben teilweise darüber gelacht, wenn ich ihnen darüber erzählt habe, wer in der DEL wieder als neuer Star angekündigt würde. Wenn es nicht so traurig wäre, würde ich mitlachen. Aber ich meine: Es muss dringend etwas passieren, sonst fällt das deutsche Eishockey in ein großes Loch, sonst ist es möglicherweise bald ganz tot.«

Die Verantwortungsträger der Nationalmannschaft, wo der Neu-Kasseler Hans Zach den Kanadier George Kingston als Bundestrainer ablöste, nahm der mittlerweile 20-Jährige in die Pflicht: »In der Nationalmannschaft muss wieder der Stolz zurückkehren, für Deutschland spielen zu dürfen. Von den 20 Absagen bei der zurückliegenden WM in der Schweiz hatte die Hälfte doch überhaupt keine Lust.«

Verstärkung aus Deutschland

Die NHL änderte derweil ihr Spielformat und die Gruppeneinteilung. Die neu gegründeten Nashville Predators übernahmen in der Western Conference den Platz der Toronto Maple Leafs, die dafür in die Eastern Conference rückten. Statt in zwei Divisions (Central, Pacific) mit sechs beziehungsweise sieben Teams wurde fortan in drei Untergruppierungen (Central, Pacific, Northwest Division) zu vier beziehungsweise fünf Teilnehmern gespielt. Durch die Team-Rochade rechneten sich die Sharks Chancen auf eine weitere Verbesserung ihrer Punktausbeute aus: Gegen Toronto mussten sie in der vorangegangenen Saison drei von acht möglichen Punkten abgeben. Neuling Nashville, so die Annahmen, würde indes kaum eine von Beginn an wettbewerbsfähige Mannschaft aufbieten können. »Mit den Sharks will ich auf alle Fälle wieder ins Play off«, gab Marco Sturm als Zielsetzung aus. »Und hoffentlich schaffen wir dort das Viertelfinale.«

Mit Jochen Hecht (von Mannheim nach St. Louis), Sascha Goc (von Schwenningen nach New Jersey) und Stefan Ustorf (nach einjährigem Gastspiel bei den Berlin Capitals zurück nach Washington) versuchten derweil auch drei weitere Deutsche ihr Glück in der NHL und setzten damit den Trend der zunehmenden Europäisierung in der besten Liga fort. Seit Beginn der Dekade war der Anteil der Spieler aus der Alten Welt kontinuierlich von elf auf 23 Prozent in der Spielzeit 1998/99 gestiegen. Goc und Ustorf konnten sich allerdings keinen Stammplatz erkämpfen. Auch Hecht wurde nach nur drei Einsätzen ins Farmteam Worcester Ice Cats in die AHL abgeschoben, wo er den Rest der regulären Saison verbrachte.

Für Marco Sturm lief die Vorbereitung hingegen hervorragend. Gleich im zweiten Testspiel, einer 3:4-Niederlage gegen die Vancouver Canucks, erzielte er seinen ersten Treffer. Zum Saisonstart sah der Spielplan für die Sharks eine ungewöhnliche Reise vor. Um die Popularität der Liga im asiatischen Raum zu steigern, wurden zwei reguläre Saisonspiele zwischen San Jose und den Calgary Flames nach Tokio verlegt. Die dortige Halle war seit Monaten mit 8400 Zuschauern ausverkauft. Im ersten Match trennten sich beide Teams 3:3 unentschieden, Marco Sturm bereite den ersten Saisontreffer der Sharks durch Joe Murphy vor. Tags darauf unterlagen die Kalifornier 3:5.

Der Saisonstart der Sharks verlief schwach. In den ersten acht Saisonspielen gelangen nur zwei Unentschieden, schnell verlor die Mannschaft den Anschluss und fiel auf den letzten Tabellenplatz der Pacific Division und Western Conference zurück. Erst am neunten Spieltag gelang mit einem 6:1 gegen Tampa Bay der erste Sieg. Die Kritik an Trainer Darryl Sutter wurde immer lauter. Vor allem der autoritäre Führungsstil des 40-Jährigen kam bei vielen Spielern nicht an. Mit seinen ständigen Schimpftiraden, so der Vorwurf, verunsichere er das Team. Allen voran das russische Ausnahmetalent Andrej Zyuzin, 1996 von den Sharks an Position zwei ausgewählt, konnte nicht die erwartete Leistung abrufen und wurde immer wieder ins Farmteam Kentucky Thoroughblades abgeschoben. Auch General Manager Dean Lombardi geriet in die Kritik. Ihm wurde vorgehalten, Fehler bei der Zusammenstellung der Mannschaft begangen zu haben.

Hattrick gegen die Oilers

Nachdem sich die Mannschaft nicht vom letzten Tabellenplatz lösen konnte und sich die Pfiffe der unzufriedenen Zuschauer bei den Heimspielen mehrten, wurde das Heimspiel gegen Liga-Neuling Nashville Predators zum Schicksalsspiel für Sutter erklärt. Eine Niederlage, und der Coach müsste seinen Platz räumen. Mit einem 3:1-Sieg zog Sutter den Kopf gerade noch aus der Schlinge.

Heimat der Sharks: Der 1993 eröffnete HP Pavilion

Trotz der vielen Niederlagen der Sharks: Für Marco Sturm persönlich lief der Saisonstart hervorragend. Bei der 1:2-Niederlage am vierten Spieltag in Dallas erzielte er seinen ersten Saisontreffer. Beim 2:2 nach Verlängerung bei dem inzwischen mit Uwe Krupp verstärkten Stanley Cup-Gewinner Detroit Red Wings bereitete er kurz vor Schluss den Ausgleichstreffer durch Tony Granato vor. »Drei Tore und sechs Assists sind kein schlechter Start in meine zweite Saison«, merkte der Dingolfinger nach zwölf Spielen an. Die Folge: Zum zweiten Mal nach November 1997 wurde er zum »Spieler des Monats« der Sharks gewählt. Marco Sturm weiter: »Ich spiele wirklich wesentlich besser als im Vorjahr. Ich bekomme mehr Eiszeit und habe auch schon mehr Tore geschossen. Dabei ist meine große Stärke eigentlich die Defensivarbeit.«

Seine große Show und sein bis heute bestes NHL-Spiel bot der Deutsche am Vorabend des Weihnachtsfestes, am 23. Dezember, im Auswärtsspiel bei den Edmonton Oilers. Mit einem Hattrick und zwei Assists war er an allen fünf Treffern der Sharks beim 5:3-Sieg beteiligt und schoss die Kanadier fast im Alleingang ab. Nach seiner Galavorstellung blieb der Youngster gewohnt bescheiden: »Fünf Punkte in einem Spiel sind wirklich was Besonderes für mich. Dabei haben mir aber meine Mitspieler mit einigen wunderbaren Pässen geholfen.« Drei Treffer in einem NHL-Spiel gelangen bis heute erst einem weiteren Deutschen: 1984 war Verteidiger Ulrich Hiemer für die New Jersey Devils im Spiel gegen die Pittsburgh Penguins ebenfalls mit einem »Dreierpack« erfolgreich.

Nach dem Schicksalsspiel gegen Nashville lief es für die Sharks besser. In den folgenden vier Spielen blieben sie ungeschlagen, reichten die »rote Laterne« an die Los Angeles Kings weiter und auf einmal waren sogar die Play-off-Plätze wieder in Reichweite. Demzufolge verstummte auch die Kritik an Trainer Darryl Sutter: Mit einem 4:3 über die Vancouver Canucks, seinem 56. Erfolg als Sharks-Coach, löste der Ex-Profi am 2. März Rekordhalter Kevin Constantine als erfolgreichsten Trainer in der Vereinsgeschichte ab.

Erster deutscher Torschütze in einem All Star Game der NHL: Marco Sturm mit 20

Sturm: Begeistert von Gretzky

Marco Sturm (20, San Jose Sharks) steht vor einer großen Karriere in der NHL. **Wayne Gretzky** (38), der beste Eishockeyspieler aller Zeiten, in seiner 20. Saison fast am Ende. Beim All-Star-Spiel erhielt Sturm Anschauungsunterricht: „Wenn Gretzky die Scheibe führt und Platz hat, ist er einfach der Beste. Der Raum hinter dem Tor ist sein alleiniges Revier. Man muß als Mitspieler nur den Schläger auf dem Eis lassen, der Puck kommt millimetergenau auf die Schaufel. Wayne könnte ohne Probleme noch ein Jahr dranhängen. Er würde immer noch viele Punkte machen, keine Frage. Aber wenn man genau hinsieht, merkt man, daß er älter wird. Im Vergleich zur letzten Saison ist er langsamer geworden. Und er kämpft auch nicht mehr soviel wie früher."

Lehrjahre in Landshut: der deutsche Nationalspieler Marco Sturm

Nominierung fürs All Star Game

Auch Marco Sturm war weiter erfolgreich. Im ersten Spiel des neuen Jahres 1999, am 2. Januar bei den New York Islanders, markierte er nach 1:47 Minuten der Verlängerung den 2:1-Siegtreffer – mit diesem Punktgewinn übernahmen die Sharks erstmals in der Saison einen Play-off-Platz. Für die NHL-Verantwortlichen war dies Grund genug, den Niederbayern für das Mitte Januar stattfindende 49. All Star Game in Tampa Bay zu nominieren – als erst zweiten Deutschen nach Uwe Krupp (1991). Bei dem im Internet und mit Stimmzetteln durchgeführten Fanvotum konnte er sich zwar nicht unter den ersten zwanzig platzieren. Weil jedoch jeder NHL-Klub mit mindestens einem Spieler in Florida vertreten sein sollte, fiel die Wahl des Nominierungsgremiums und von All-Star-Trainer Lindy Ruff (Buffalo Sabres) auf ihn.

Sharks-Coach Darryl Sutter freute sich für seinen Schützling: »Er ist Abend für Abend unser bester Spieler. An ihm gibt es nichts auszusetzen. Marco kann im Angriff jede Position spielen, geht auf den Körper und steht gegen die besten Spieler des Gegners auf dem Eis. Ich bin froh, dass mal die Leistungen eines jungen Spielers anerkannt werden. Ansonsten werden doch nur die Spieler mit großem Namen ausgewählt.«

Zusammen mit Freundin Astrid Vettori und seinen Eltern, die auf Weihnachts- und Neujahrsbesuch bei ihrem Sohn in Kalifornien weilten, reiste er am 22. Januar nach Tampa Bay, wo zwei Tage später der Vergleich zwischen einer Weltauswahl und einer Kombination USA/Kanada stattfand. »Alles war First Class: Der Flug, die Limousine, mit der wir am Flughafen abgeholt wurden, das Hotel. Alle Wünsche wurden einem von den Augen abgelesen, ich bin mir wie der Größte vorgekommen«, erinnert er sich zurück. Eigentlich hätte auch Uwe Krupp an dem Spiel teilnehmen sollen. Bei der Fanumfrage hatte der Ex-Kölner die achtmeisten Stimmen aller Spieler erhalten (193 661). Der Verteidiger von den Detroit Red Wings musste allerdings verletzungsbedingt absagen. In dem Match, das die Nordamerikaner 8:6 gewannen, erzielte Marco Sturm (»Ich war zu Spielbeginn nervös wie lange nicht mehr«) in der zehnten Spielminute den 1:1-Ausgleich, der zugleich der erste Treffer eines deutschen Spielers in einem All Star Game war. Die Partie stand ganz im Zeichen von Wayne Gretzky, dem besten Eishockeyspieler aller Zeiten, der in seinem letzten Auswahlspiel noch einmal sein ganzes Können aufblitzen ließ. »Wenn er die Scheibe führt und Platz hat, dann ist er einfach der Beste«, geriet Marco Sturm ins Schwärmen. Und weiter: »Der Raum hinter dem Tor ist sein alleiniges Revier. Man muss als Mitspieler nur den Schläger auf dem Eis lassen, der Puck kommt von ganz alleine millimetergenau auf die Schaufel.«

Abschluss-Tabelle Western Conference

1. Dallas Stars
2. Colorado Avalanche
3. Detroit Red Wings
4. Phoenix Coyotes
5. St. Louis Blues
6. Anaheim Mighty Ducks
7. San Jose Sharks
8. Edmonton Oilers
9. Calgary Flames
10. Chicago Blackhawks
11. Los Angeles Kings
12. Nashville Predators
13. Vancouver Canucks

Play-off-Achtelfinale
Colorado Avalanche – San Jose Sharks 4:2

Bei dem tags zuvor im Rahmenprogramm ausgetragenen Wettbewerb zur Ermittlung des schnellsten Schlittschuhläufers der Liga belegte Marco Sturm mit 14,654 Sekunden für eine Runde den zweiten Platz hinter dem Slowaken Peter Bondra von den Washington Capitals.

Erfolgreicher Endspurt

In den Monaten Februar, März und April lief es bei den Sharks immer besser. Nacheinander ließen sie die Teams aus Vancouver, Edmonton und Calgary hinter sich und sicherten sich mit einem 1:0-Sieg bei den Phoenix Coyotes bereits fünf Spieltage vor Vorrunden-Ende die Teilnahme am Play off. Auch den Wirbel um den Russen Andrej Zyuzin steckte das Team problemlos weg. Der 21-Jährige hatte schon lan-

San Jose Sharks Saison 1998/99

Position	Name	Spiele	Tore	Assists	Punkte	Strafminuten
S	Jeff Friesen	84	24	37	61	56
S	Joe Murphy	82	25	26	51	77
S	Patrick Marleau	87	23	25	48	28
S	Owen Nolan	84	20	26	46	135
S	Mike Ricci	88	15	29	44	78
S	Marco Sturm	84	18	24	42	56
V	Bill Houlder	82	12	23	35	44
S	Alexander Korolyuk	61	13	21	34	28
V	Jeff Norton	75	4	25	29	52
S	Stephane Matteau	73	8	15	23	79
S	Vincent Damphousse	18	10	8	18	10
S	Ronnie Stern	84	7	9	16	164
S	Dave Lowry	62	6	9	15	24
V	Marcus Ragnarsson	80	0	15	15	72
S	Tony Granato	41	7	7	14	56
V	Mike Rathje	88	5	9	14	40
S	Murray Craven	43	4	10	14	18
V	Bob Rouse	76	0	11	11	50
S	Ron Sutter	65	3	6	9	44
V	Bryan Marchment	65	2	6	8	105
V	Andrej Zyuzin	25	3	1	4	38
S	Steve Guolla	14	2	2	4	6
V	Andrew Sutton	31	0	3	3	65
S	Jarrod Skalde	17	1	1	2	4
V	Scott Hannan	5	0	2	2	6
S	Bernie Nicholls	10	0	2	2	4
S	Brantt Myhres	30	1	0	1	116
S	Jamie Baker	1	0	1	1	0
S	Alex Hicks	4	0	1	1	4
S	Shawn Burr	18	0	1	1	29
TW	Steve Shields	38	0	1	1	6
TW	Mike Vernon	54	0	1	1	8
S	Mike Craig	1	0	0	0	0
D	Gary Suter	1	0	0	0	0
V	Shawn Heins	5	0	0	0	13
TW	Sean Gauthier	1	0	0	0	0

Trainer: Darryl Sutter

ge mit Trainer Sutter im Clinch gelegen. Vor dem Gastspiel Mitte März in Boston setzte er sich in einer Nacht- und Nebelaktion von der Mannschaft ab. Wenige Tage zuvor hatte sich Zyuzin von seinem Berater Jay Gossman getrennt und sich seinem Landsmann Vitalij Shevchenko anvertraut. Shevchenko hatte in der Branche als Berater alles andere als einen guten Leumund: Unter anderem ermittelte der US-Geheimdienst wegen Kontakten zur russischen Mafia gegen ihn. Shevchenko untersagte seinem Schützling den Kontakt zu den Sharks und drohte mit einer Rückkehr nach Russland.

»Er weiß gar nicht, was er dem Jungen damit antut«, schimpfte Sharks-Manager Dean Lombardi. Erst einen Monat später kehrte Zyuzin reumütig nach San Jose zurück. Wie sich herausstellte, hatte Shevchenko den 21-Jährigen erpresst und gedroht, Mitglieder seiner in Russland lebenden Familie umzubringen. Zyuzin, 1996 Nummer-zwei-Draft-Pick, erholte sich nie mehr von diesen Vorkommnissen und konnte in seiner mittlerweile achtjährigen NHL-Laufbahn nie die in ihn gesetzten Erwartungen erfüllen. Im Sommer 1999 schoben ihn die Sharks ab. Nach Stationen bei Tampa Bay Lightning und den New Jersey Devils sowie mehreren Aufenthalten in deren Farmteams spielt er heute eine durchschnittliche Rolle bei Minnesota Wild.

Schnell auf dem Eis: »The German Rocket«

Maßgeblichen Anteil am Aufschwung zum Saisonende hatte indes der am Tag vor Transfer-Deadline verpflichtete Stürmerstar Vincent Damphousse. Der 31-Jährige, der während des NHL-Lock-outs Ende 1994 auch einige Spiele bei den Ratinger Löwen in der DEL absolviert hatte, wechselte von den Montreal Canadiens ins Silicon Valley und erwies sich als die erhoffte Verstärkung: In den letzten zwölf Spielen der Hauptrunde markierte Damphousse beachtliche 13 Scorerpunkte (sieben Tore, sechs Assists). Marco Sturm, der zumeist mit Owen Nolan und Mike Ricci die zweite Sturmreihe der Kalifornier bildete, verbesserte seine Vorjahreswerte um knapp 27 Prozent auf 16 Tore und 22 Vorlagen in 78 Einsätzen und war damit siebtbester Scorer seines Teams.

In der ersten Play-off-Runde trafen die Sharks als Siebte der Western Conference auf den Zweiten, die Colorado Avalanche. Entgegen dem Spielplan wurden die beiden ersten Partien wegen der Tragödie an der Columbine High School in Littleton/Colorado kurzfristig von Denver nach San Jose verlegt. Nach einer 1:3-Niederlage zum Auftakt verlangten die Sharks dem Gegner im zweiten Match alles ab: 1:1 stand es nach 60 Spielminuten. Die Verlängerung musste entscheiden. Nach 7:53 Minuten ließ jedoch der Tscheche Milan Hejduk die Scheibe im Netz der Sharks zappeln. Mit einem 0:2-Rückstand ging es nach Denver. Schlechte Aussichten.

Erstes Play-off-Tor

Aber die Kalifornier rappelten sich zu einem nie für möglich gehaltenen Kraftakt auf. Mit 4:2 und 7:3 gewannen sie beide Spiele. Marco Sturm avancierte dabei zum Matchwinner: Der junge Deutsche erzielte in Partie drei wieder einmal den Siegtreffer – es war das erste Play-off-Tor seiner Karriere – und markierte in den beiden Partien insgesamt vier Scorerpunkte. Die Serie war wieder ausgeglichen und ging zurück nach San Jose. Erwartungsfroh strömten 18 000 Zuschauer in

Uwe Krupp – die deutsche NHL-Legende

Deutschland und die NHL – diese Verbindung wurde vor Marco Sturm vor allem mit einem Namen assoziiert: Uwe Krupp. Der gebürtige Kölner war der erste Deutsche, der in Übersee den Durchbruch schaffte – und das in einer Zeit, in der das nordamerikanische und europäische Eishockey noch Welten trennten und ausländische Profis in der NHL ungewöhnlich waren.
1986 wechselte der Verteidiger von den Kölner Haien, mit denen er 1984 und 1986 die Meisterschaft gewann, zu den Buffalo Sabres. Bei dem Klub aus dem US-Bundesstaat New York, der ihn drei Jahre zuvor lediglich an 214. Stelle gedraftet hatte, avancierte der 1,98 Meter große Verteidiger nach nur einer Saison, in der er zwischen NHL-Kader und Farmteam Rochester Americans pendelte, zum Stammspieler. 1996 schrieb Krupp ein Kapitel Stanley-Cup-Geschichte, als er für die Colorado Avalanche im vierten Finalspiel gegen die Florida Panthers mit einem Schlagschuss von der blauen Linie das entscheidende Tor zum 1:0 erzielte – und dies in der dritten Overtime beziehungsweise 105. Spielminute. Der damals 31-Jährige hatte während der Saison verletzungsbedingt lange pausieren müssen, absolvierte in der Hauptrunde lediglich sechs Spiele, lief aber im Play off zu überragender Form auf.
Weitere Erfolge: 1995 erzielte er, als einziger Verteidiger der NHL, einen Hattrick im Spiel der New York Islanders gegen Tampa Bay Lightning. 1991 nahm er am Allstar-Game teil. 1999 wurde er ebenfalls gewählt, konnte aber verletzungsbedingt nicht teilnehmen. In seinem ersten Jahr in Nordamerika gewann er mit Rochester die AHL-Meisterschaft, den Calder Cup. Im Herbst 1991 wurde Krupp von Buffalo zu den Islanders getradet. Von dort ging es 1994 nach Kanada zu den Quebec Nordiques, die nur ein Jahr später nach Denver umzogen und fortan als Colorado Avalanche firmierten. Im Expansiondraft 1998 sicherten sich die Nashville Predators die Rechte an dem mittlerweile 33 Jahre alten Verteidiger, die sie jedoch umgehend an die Detroit Red Wings weitergaben. Dort unterschrieb Krupp einen Vier-Jahres-Vertrag über insgesamt 16,4 Millionen Dollar. In der Automobilmetropole wurde der Deutsche allerdings nie glücklich.

Wegen zweier Bandscheibenvorfälle musste er die Spielzeiten 1999/2000 und 2000/01 komplett aussetzen. Ein Karriereende schien unvermeidlich. Erst recht, nachdem er während seiner Verletzungszeit an einem Schlittenhunderennen, seinem großen Hobby, teilgenommen hatte. Die Red Wings kündigten Krupp den Vertrag, ein monatelanger Rechtsstreit folgte, der Ruf des bis dato besten deutschen Verteidigers aller Zeiten wurde in Mitleidenschaft gezogen.
Nach 722 Tagen Verletzungspause wagte Krupp ein Comeback, das er nach zwei Einsätzen wegen einer Schulterverletzung abbrechen musste. Erst zu Saisonende konnte er wieder eingesetzt werden. Der mittlerweile 37-Jährige erreichte nie wieder seine alte Form und wurde auf die Tribüne verbannt. Ohne ihn gewannen die Red Wings den Stanley Cup. In der folgenden Spielzeit 2002/03 absolvierte Uwe Krupp noch vier Spiele für die Atlanta Thrashers, ehe er seine aktive Laufbahn endgültig aus gesundheitlichen Gründen beendete und sich fortan als Jugendtrainer beim amerikanischen Verband »USA Hockey« der Nachwuchsarbeit widmete. »Eishockey war gut zu mir. Ich will davon etwas zurückgeben, will als Trainer Spielern helfen und sie formen«, begründete er seinen Wechsel hinter die Bande.
1986 in Moskau und 1990 in der Schweiz nahm Krupp an Weltmeisterschaften teil, 1998 in Nagano an Olympischen Spielen. Bei dem WM-Turnier in Bern und Fribourg wurde Krupp allerdings nach nur zwei Einsätzen gesperrt: Dem NHL-Profi wurde die Einnahme von Stimulanzien nachgewiesen. Krupp wollte mit Medikamenten, die in den USA in jedem Supermarkt erhältlich sind, jedoch verbotene Dopingsubstanzen enthalten, nach dem Transatlantikflug den Jetlag wettmachen. Seine Teilnahme am World Cup 1996 sagte er aus Verletzungsgründen ab.
Im Mai 2004 wurde Uwe Krupp in die »Hall of Fame«, die Ruhmeshalle des deutschen Eishockeys aufgenommen. Seit Sommer 2004 arbeitet er auch auf Honorarbasis im Nachwuchsbereich des Deutschen Eishockey-Bundes (DEB) und war nach der WM 2004 in Tschechien sogar kurzzeitig als Nachfolger des zurückgetretenen Bundestrainers Hans Zach im Gespräch.

die San Jose Arena. Die Mannschaft ließ sich von der Euphorie anstecken, vernachlässigte die taktische Marschroute und verlor deutlich 2:6. Matchball Avalanche. In Spiel sechs, wieder in Denver, musste erneut die Verlängerung entscheiden – nach 60 Spielminuten stand es 2:2 – und wieder wurde der Tscheche Hejduk zum Schreckgespenst der Sharks. Nach seinem Treffer nach 13:12 Minuten der Overtime war für Marco Sturm und sein Team die Saison beendet.

Im Play off war der junge Deutsche mit zwei Toren und zwei Assists in sechs Spielen nach Vincent Damphousse, Mike Ricci und Jeff Norton viertbester Scorer der Sharks und fuhr wieder jede Menge Lob seines Trainers Darryl Sutter ein: »Marcos große Stärke ist das Spielverständnis. Er hat den nötigen Überblick und die Ruhe und weiß genau, was der Gegner vor hat. Schon jetzt besitzt er Führungsqualitäten. So was kann man keinem Spieler beibringen. Man hat sie, oder man hat sie nicht.« Mit den Dallas Stars gewann erstmals ein Team aus dem tiefen Süden der USA die Meisterschaft. Im Finale um den Stanley Cup setzten sich die Texaner mit 4:2-Siegen gegen die Buffalo Sabres um deren tschechischen Ausnahmegoalie Dominik Hasek durch.

Aus einem Einsatz in der Nationalmannschaft wurde es für Marco Sturm, wie schon im Jahr zuvor, nichts. Das DEB-Team mit dem neuen Bundestrainer Hans Zach war im November in die B-Gruppe abgestiegen. Das Turnier in Dänemark wurde bereits Anfang April, zeitgleich zur ersten Play-off-Runde, ausgetragen, die Deutschen belegten einen enttäuschenden vierten Platz.

Saison 1999/2000: Nach Virusinfektion im Formtief

Als Ziel für seine dritte Saison in der NHL setzte sich Marco Sturm die kontinuierliche Verbesserung sowohl der eigenen Leistung als auch der des gesamten Teams. Mit einem weiteren Aufschwung wollte er den Klubverantwortlichen Argumente zur Verlängerung seines zu Saisonende auslaufenden Vertrages liefern. »Ich würde gerne über diese Saison hinaus in San Jose bleiben. Die Sharks sind ein Top-Klub, vielleicht sogar einer der besten in der gesamten NHL. Und für eine Vertragsverlängerung sind Tore die besten Argumente«, sagte er. Wie schon in den beiden Jahren zuvor begann er wieder drei Wochen früher als das Gros seiner Mannschaftskameraden mit dem Eistraining. Nachdem sein Heimatverein EV Landshut seine DEL-Lizenz für drei Millionen Mark an den amerikanischen Multi-Millionär Philip F. Anschutz verkauft hatte und in der drittklassigen Oberliga einen Neuanfang wagte, schloss er sich vorübergehend den neugegründeten München Barons an. Gemeinsam mit der DEL-Lizenz war auch die halbe Landshuter Mannschaft samt Manager Max Fedra und seinem Schwager Christian Künast die knapp 60 Kilometer isaraufwärts gewechselt.

Nach einer rundum positiv verlaufenen Vorbereitung, in der er in fünf Einsätzen drei Treffer erzielte, sahen ihn die Experten auch auf einem guten Weg. »Es sieht so aus, als ob dem wieselflinken Deutschen in diesem Jahr der endgültige Durchbruch gelingen sollte«, schrieb die Tageszeitung »San Francisco Chronicle«. Und Trainer Darryl Sutter meinte: »Marco hat sich als Stammspieler etabliert. Ihm gehört die Zukunft.« Nach dem frühen Play-off-K.o. in den vergangenen beiden Spielzeiten setzte er sich auch mit den Sharks hohe Ziele: »Das Erreichen des Play off ist Pflicht. Und dort wollen wir mindestens zwei Runden überstehen.« In Fachkreisen wurde der Parvenü aus Kalifornien auch hoch gehandelt. »Wenn man Experten nach der Mannschaft der Zukunft fragt, fällt immer wieder der Name San Jose Sharks«, schrieb das Fachblatt Eishockey NEWS in seiner Saisonvorschau. »Kaum ein Klub verfügt über so viele junge und talentierte Spieler. Vor allem im Angriff sind die Sharks mit Jeff

Friesen, Patrick Marleau, Alexander Korolyuk und Marco Sturm mit Talenten gesegnet. Platz vier in der Conference ist durchaus im Bereich des Möglichen.«

Die Kalifornier wurden der Vorschusslorbeeren der Experten auch gerecht und fertigten zum Saisonstart nacheinander die Calgary Flames 5:3, Chicago Blackhawks 7:1 und Edmonton Oilers 3:2 ab. Es war der beste Saisonstart der Vereinsgeschichte. Anders als noch in der Vorsaison nisteten sie sich gleich in der Tabellenspitze fest. Für Marco Sturm kam der gute Start nicht überraschend. »Wir haben unheimlich intensiv trainiert, um einen Fehlstart wie im Vorjahr zu vermeiden. Außerdem haben wir heuer vier ausgeglichene Sturmreihen und sind somit kaum berechenbar«, sagte der Deutsche, der gemeinsam mit Mike Ricci und Neuzugang Niklas Sundström, gekommen von den New York Rangers, die zweite Angriffsformation bildete.

Körperlich geschwächt

Nach zwei Wochen waren die Sharks mit sechs Siegen aus den ersten acht Saisonspielen sogar die punktbeste Mannschaft der gesamten NHL. »Auf einmal sind wir die Gejagten – eine völlig neue Erfahrung«, stellte der inzwischen 21-Jährige fest. »Wir spüren ganz deutlich, dass uns die Gegner in diesem Jahr viel mehr Respekt entgegenbringen.« Auch bei den Sportwettern im Spielerparadies Las Vegas stiegen die Quoten der Kalifornier: Zu Saisonbeginn noch als 60:1-Außenseiter gehandelt, gehörten sie auf einmal zum Kreis der fünf aussichtsreichsten Titelanwärter.

Bei Marco Sturm selbst lief nach guten Leistungen in der Vorbereitung aber nur noch wenig zusammen. Wie sich später herausstellte, hatte er sich während seines Deutschland-Aufenthaltes einen hartnäckigen Grippevirus eingefangen, der ihn körperlich enorm schwächte. »Ich weiß auch nicht genau, was los ist, aber ich bin körperlich einfach nicht topfit«, erklärte er. »Ich habe immer wieder Zahnschmerzen und bin ständig erkältet.« Die Folgen ließen nicht lange auf sich warten. Trainer Sutter gab seinem Hoffnungsträger nicht mehr so viel Eiszeit wie noch in den beiden Jahren zuvor, in Überzahl stand er nur noch selten auf dem Eis. »Ich bin in ein Leistungsloch gefallen«, erinnert sich der Deutsche. »Da sind bei mir erste Selbstzweifel aufgekommen.«

Zur Saisonmitte hinkte Marco Sturm mit nur sechs Treffern und sieben Assists in 39 Einsätzen deutlich den Werten des Vorjahres hinterher. Zur Jahreswende gelang ihm in 17 aufeinanderfolgenden Spielen lediglich ein Treffer – eine derartige Durststrecke hatte er noch nie in seiner NHL-Laufbahn durchgemacht. »Es war klar«, sagte er, »irgendwann würde auch mal bei mir ein solches Tief kommen, nachdem es in meiner Karriere stetig bergauf ging.« Trotzdem hielten Trainer und Management zu ihm: Eine Versetzung ins Farmteam nach Kentucky war zu keinem Zeitpunkt ein Thema. Marco Sturm: »So schlecht war ich dann auch wieder nicht. Die Klubführung hat jedenfalls nie den Eindruck aufkommen lassen, mich fallen zu lassen.«

Nach unten durchgereicht

Auch für die Sharks lief es zunehmend schlechter. Nach einer 2:5-Heimpleite Mitte Dezember gegen die Chicago Blackhawks mussten sie die Führung der Pacific Divison an die Phoenix Coyotes abgeben. Nacheinander wurden sie von Dallas, Detroit, St. Louis, Colorado, Edmonton und Los Angeles überholt und wurden in der Tabelle immer weiter nach unten durchgereicht. Nach der 2:5-Pleite bei den Carolina Hurricanes fielen sie Anfang März sogar aus den Play-off-Rängen. Vor allem der neue Stammtorhüter Steve Shields kam mit der Verantwortung nicht zurecht und kassierte immer wieder vermeidbare Gegentore. »Dass unser Höhenflug von Saisonbeginn nicht das ganze Jahr anhalten würde, war klar«, sagte Marco Sturm nach Saisonende und führte als Grund unter anderem den Weggang von Goalie Mike Vernon an, der Ende Dezember in einem Ringtausch gegen Stürmer Todd Harvey (New York Rangers) an die Florida Panthers abgegeben wurde. »Mit ihm«, so Marco Sturm, »haben wir einen guten Torhüter verloren. Sein Ersatz Steve Shields hatte zu diesem Zeitpunkt nicht so viel Spielpraxis und war es nicht gewohnt, immer zu spielen. Er hat einige Wochen gebraucht, seine gewohnte Leistung abzurufen.« Bei Marco Sturm dauerte es bis Ende Januar, ehe er allmählich wieder seinen Rhythmus fand. Beim 4:2-Sieg gegen die Anaheim Mighty Ducks schien der Knoten wieder geplatzt zu sein: Erstmals in der laufenden Saison trug er sich zweimal in einem Spiel in die Torschützenliste ein.

Frustriert nach einer Niederlage: Marco Sturm in der Sharks-Kabine

Die Saison endete doch noch versöhnlich: Mit einem Schlussspurt – von den letzten neun Vorrundenspielen wurden nur drei verloren – sicherten sich die Sharks den achten Tabellenplatz und steigerten im vierten Jahr in Folge auch ihre Punktausbeute (sieben mehr als in der Vorsaison). Mit insgesamt 35 Saisonsiegen stellten sie sogar einen neuen Klubrekord auf. Owen Nolan avancierte mit 44 Treffern hinter dem Russen Pavel Bure (Florida/58) zum zweitbesten Torschützen der gesamten Liga. Als Lohn wurde noch vor dem Play off der Vertrag von Headcoach Darryl Sutter zu verbesserten Bezügen um zwei Jahre verlängert. Marco Sturm jedoch blieb mit 27 Scorerpunkten (zwölf Tore, 15 Assists) deutlich unter den Werten des Vorjahres (16 Tore, 22 Assists) und sogar leicht unter denen seiner Debütsaison (30 Punkte, davon zehn Tore), bei exakt gleicher Anzahl an Einsätzen (74).

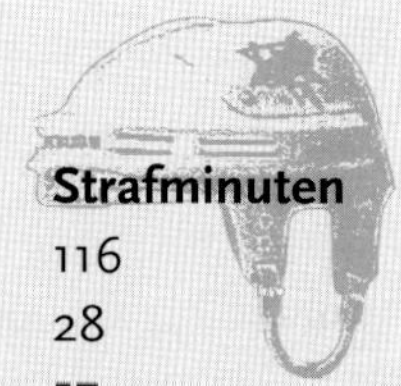

San Jose Sharks Saison 1999/2000

Position	Name	Spiele	Tore	Assists	Punkte	Strafminuten
S	Owen Nolan	88	52	42	94	116
S	Vincent Damphousse	94	22	56	78	28
S	Jeff Friesen	93	28	37	65	57
S	Mike Ricci	94	25	25	50	62
S	Patrick Marleau	86	18	24	42	38
S	Niklas Sundström	91	12	27	39	24
V	Brad Stuart	94	11	26	37	38
S	Alexander Korolyuk	66	14	24	38	41
V	Gary Suter	88	8	33	41	64
S	Marco Sturm	86	13	18	31	28
S	Stephane Matteau	79	12	14	26	69
V	Jeff Norton	74	0	21	21	56
S	Todd Harvey	52	9	4	13	86
V	Marcus Ragnarsson	75	3	16	19	48
V	Mike Rathje	78	3	17	20	39
S	Tony Granato	60	6	8	14	53
S	Ron Sutter	90	5	8	13	44
S	Ronnie Stern	70	5	5	10	162
S	Dave Lowry	44	2	6	8	24
V	Bryan Marchment	60	2	5	7	84
V	Scott Hannan	31	1	3	4	10
V	Andy Sutton	40	1	1	2	80
S	Murray Craven	19	0	2	2	4
S	Brantt Myhres	13	0	1	1	97
V	Bob Rouse	26	0	1	1	19
TW	Steve Shields	79	0	1	1	29
V	Shawn Heins	1	0	0	0	2
TW	Evgeny Nabokow	21	0	0	0	0
TW	Mike Vernon	15	0	0	0	0

Trainer: Darryl Sutter

Deutsch-deutsches Play-off-Duell

In der ersten Play-off-Runde kam es für die Sharks zum Aufeinandertreffen mit dem punktbesten Team der Western Conference, den St. Louis Blues, bei denen mittlerweile der ehemalige Mannheimer Jochen Hecht für Furore sorgte. Die Chancen der Sharks wurden gering eingestuft: In der regulären Saison hatten sie vier der fünf Duelle gegen die Blues verloren. Das erste Spiel im Kiel Center von St. Louis verlief plangemäß: Die Blues gewannen 5:3, Jochen Hecht avancierte mit zwei Treffern und einem Assist zum Matchwinner. Danach dachte der Favorit offensichtlich, sich der Aufgabe im Schongang zu entledigen und Kräfte für das anstehende Zweitrunden-Duell gegen Detroit schonen zu können. Die Sharks nutzten die Gunst der Stunde und fuhren 48 Stunden später in Spiel zwei gegen einen lethargisch wirkenden Gegner einen 4:2-Sieg ein. »St. Louis hat uns ganz klar unterschätzt«, so Marco Sturm.

Es war die Wende in der Serie: Spiel drei und vier in der San Jose Arena wurden 2:1 und 3:2 gewonnen – Matchball für die Sharks und die Möglichkeit, eine der größten Sensationen in der NHL in den vergangenen Jahren perfekt zu machen. Doch nun versagten der Mannschaft von Trainer Darryl Sutter die Nerven. Die 3:5-Niederlage in Spiel fünf in St. Louis kam nicht unerwartet. In Spiel sechs hatten sich die knapp 18 000 Besucher in der San Jose Arena dennoch auf eine rauschende Siegesparty eingestellt – und erneut verloren die Sharks: 2:6. »Wir hatten Angst vor der eigenen Courage«, erinnert sich Marco Sturm.

Die Blues hatten auf einmal wieder alle Vorteile auf ihrer Seite – doch San Jose machte mit einem 3:1-Sieg in Spiel sieben in St Louis den Einzug in die nächste Runde perfekt. Owen Nolan erzielte die 2:1-Führung der Sharks mit einem Befreiungsschlag von der Mittellinie, den Blues-Goalie Roman Turek passieren ließ. »Dieses kuriose Tor hat so richtig zu dieser verrückten Serie gepasst«, erinnert sich Marco Sturm. Der formstarke Jochen Hecht war mit zehn Punkten (vier Tore, sechs Assists) hinter Superstar Jaromir Jagr von den Pittsburgh Penguins (13 Punkte) zweitbester Scorer der ersten Play-off-Runde – es war jedoch nur ein schwacher Trost. Feiern durften Marco Sturm und die Sharks. Der wieder erstarkte Dingolfinger erzielte in der nervenaufreibenden Serie ein Tor und zwei Assists.

Im Halbfinale der Western Conference gegen die Dallas Stars war bei San Jose dann etwas die Luft raus. Die Texaner legten zwei Siege vor (4:1, 1:0), die Sharks gewannen zwischenzeitlich 2:1. Mit zwei weiteren Erfolgen (5:4 und 4:1) machten die Stars aber zügig den Finaleinzug per-

Abschluss-Tabelle Western Conference

1. St. Louis Blues
2. Detroit Red Wings
3. Dallas Stars
4. Colorado Avalanche
5. Los Angeles Kings
6. Phoenix Coyotes
7. Edmonton Oilers
8. San Jose Sharks
9. Anaheim Mighty Ducks
10. Vancouver Canucks
11. Chicago Blackhawks
12. Calgary Flames
13. Nashville Predators

Play-off-Achtelfinale

St. Louis Blues – San Jose Sharks 3:4

Play-off-Viertelfinale

Dallas Stars – San Jose Sharks 4:1

fekt. »Die Leistungen in den ersten vier Spielen waren noch okay«, erinnert sich Marco Sturm, »aber dann ging nichts mehr. Wir waren mit unseren Kräften am Ende. Dallas hatte länger Pause als wir und hat uns im fünften Spiel förmlich überrollt.« Marco Sturm blieb mit nur einem Assist in fünf Spielen ebenso wie seine Kollegen in dieser Serie blass und zog ein durchwachsenes Saisonfazit: »Die Saison verlief unter dem Strich zwar etwas besser als mein Rookie-Jahr, aber ich konnte auch nicht an die Leistung meiner zweiten Saison anknüpfen. Ich hatte mir das Jahr etwas anders vorgestellt.«

Dallas musste sich im Finale um den Stanley Cup in sechs Spielen den New Jersey Devils beugen, die zum zweiten Mal nach 1995 den Pott holten.

Saison 2000/2001: Frühes Ende einer guten Saison

Der Sommer 2000 war überschattet vom Vertragspoker mit dem Management der Sharks. Nach drei Jahren war Marco Sturms Vertrag bei den Sharks ausgelaufen. »Die Verantwortlichen setzen weiter auf mich und ich will auch bleiben«, hatte der Deutsche bei seiner Abreise aus Kalifornien noch voller Zuversicht gesagt. »Ich warte jetzt in aller Ruhe die Verhandlungen zwischen meinem Agenten Larry Kelly und dem Management ab. Grundsätzlich sind wir uns einig, es geht nur noch um die finanziellen Rahmenbedingungen. Zu 80 Prozent werde ich auch in der neuen Saison wieder in San Jose spielen.« Marco Sturm musste allerdings länger warten als gedacht.

Die vergleichsweise schwache Leistung in der Vorsaison hatte seine Verhandlungsposition nicht gerade verbessert. Trotzdem pokerte sein Agent Larry Kelly hoch und verlangte eine nahezu 100-prozentige Aufbesserung seines letzten Jahresgehaltes von zuletzt 680 000 Dollar. San Jose willigte nicht ein, die Verhandlungen zogen sich in die Länge. Als die Sharks Anfang September ihr Trainingscamp bezogen, fehlte der Angreifer. Stattdessen hielt er sich, wie schon im Vorjahr, beim Klub seines Schwagers Christian Künast, den München Barons, fit. Als die Deutsche Eishockey Liga (DEL) eine Woche vor Saisonstart ihr Saisoneröffnungsfest feierte, schlüpfte er sogar erstmals seit Olympia 1998 wieder ins Trikot der Nationalmannschaft. Trotz der prominenten Verstärkung aus der NHL verlor das DEB-Team den alljährlichen Prestigevergleich gegen eine Auswahl der DEL an der Düsseldorfer Brehmstraße mit 1:4.

»San Jose dachte wohl nicht, dass ich den Mumm habe, das auszusitzen«, erinnert sich Marco Sturm. »Wenn sich die Verhandlungen eine oder zwei Wochen länger hingezogen hätten, hätte ich wohl sogar ein paar DEL-Spiele bestritten.« Münchens Manager Max Fedra ließ nicht locker. Er stand in ständigem telefonischen Kontakt mit Larry Kelly und versuchte, ihm ein Kurzgastspiel seines Schützlings in München schmackhaft zu machen. Marco Sturm war bei den Kaliforniern kein Einzelfall: Insgesamt acht Leistungsträger der vergangenen Saison fehlten Trainer Darryl Sutter zu Beginn des Trainingslagers, weil sie sich mit General Manager Dean Lombardi nicht über eine Fortsetzung ihres Engagements einigen konnten: Neben Marco Sturm waren es die Torhüter Steve Shields, Abwehrchef Marcus Ragnarsson, die Angreifer Mike Ricci, Todd Harvey, Alexander Korolyuk, Patrick Marleau und Superstar Owen Nolan. »Eight Men Out«, titelte kurz vor Saisonstart die örtliche Tageszeitung »The Mercury News«.

Späte Einigung mit den Sharks

Erst am 3. Oktober einigten sich Kelly und die Sharks über den weiteren Verbleib des deutschen Stürmers in San Jose: Marco Sturm unterschrieb einen Zwei-Jahres-Vertrag mit Option auf eine weitere Saison, der ihn insgesamt 3,3 Millionen Dollar einbrachte. Manager Kelly hatte sein Ziel mit der einhundertprozentigen Gehaltsaufbesserung nahezu erreicht. Nach der erfolgten Vertragsverlängerung gab sich Marco Sturm kämpferisch: »Ich bin froh, dass der Klub so viel Vertrauen in mich setzt. Ich will dieses zurückzahlen und meine beste Saison spielen, seitdem ich in der NHL bin. Mit der Mannschaft und für mich persönlich. Dafür lege ich mich derzeit ins Zeug, arbeite im Training mehr als sonst, damit es mir nicht wieder so geht wie im letzten Jahr, als ich einen schlechten Start erwischt hatte.«

Hielt sich im Spätsommer 2000 bei den München Barons fit: Marco Sturm mit Schwager Christian Künast (links)

Nur drei Tage nach der Unterschrift begann bereits die Saison mit einem Heimspiel gegen die St. Louis Blues, das die Sharks mit 1:4 verloren. Shields, Harvey, Ricci und Nolan fehlten noch immer und kehrten erst im Laufe der folgenden Woche zum Team zurück. Marco Sturm fehlte nach ausgefallenem Trainingslager die Feinabstimmung mit den Kollegen und wirkte reichlich indisponiert. »Die ganze Sache mit dem Vertrag hat viel zu lange gedauert«, gab er sich selbstkritisch. Zur neuen Saison musste er sich auch an eine neue Regel gewöhnen: Alle NHL-Spiele wurden fortan von zwei Haupt-Schiedsrichtern geleitet, nachdem eine entsprechende Testphase in den beiden Spielzeiten zuvor erfolgreich verlaufen war. Mit Minnesota Wild und Columbus Blue Jackets bekam die Liga zudem Zuwachs um zwei weitere Mannschaften und erreichte damit ihre heutige Stärke von 30 Teams. Um ein ausgeglichene Gruppenstärke herzustellen, wurden beide Novizen der Western Conference zugeordnet.

Die Mannschaft der Sharks blieb nach erfolgten Vertragsverlängerungen nahezu unverändert. Einzig nennenswerter Neuzugang war Scott Thornton von den Montreal Canadiens. Im Gegenzug verließen die Routiniers Jeff Norton (Pittsburgh), Dave Lowry (Calgary) und Ronnie Stern (Ende der Karriere) den Klub. Verändert hatte sich indes das Umfeld: Das Sharks-Management nutzte die Sommerpause, um das Trainingszentrum von Grund auf zu renovieren und in eines der besten der NHL zu verwandeln. Der riesige Gebäudekomplex namens »Logitech Ice at San Jose« nahe der Spielstätte, der San Jose Arena, wurde um zwei Eisflächen auf nunmehr deren drei erweitert, von denen eine das gesamte Jahr geöffnet ist, und beinhaltet neben einem rund 1000 Quadratmeter großen Mannschaftsbereich mit jedem erdenklichen Luxus auch einen Eishockey-Shop und ein Restaurant.

Die Rückkehr zu alter Form dauerte bei Marco Sturm aber nicht lange. Am 8. November trug er sich im Auswärtsspiel bei den Chicago Blackhawks abermals in die Geschichtsbücher der NHL ein: Zehn Sekunden vor Spielende erzielte er den Ausgleichstreffer zum 2:2; in der Verlängerung ließ er 30 Sekunden vor Schluss den Siegtreffer zum 3:2 folgen – der Deutsche war der erste Spieler, dem seit Wiedereinführung der Verlängerung in der Saison 1983/84 ein derartiger Doppelpack gelang. Der 2:2-Ausgleich war zugleich der 100. Scorerpunkt in seiner NHL-Karriere. Zudem entwickelte er sich auf Grund seiner Schnelligkeit zunehmend als Spezialist für Unterzahl-Situationen. Gemeinsam mit Owen Nolan war er die erste Option von Trainer Darryl Sutter, sobald die Sharks in Unterzahl waren. Mit drei Shorthanded Goals, also solchen mit einem Spieler weniger auf dem Eis, war er zwischenzeitlich sogar der torgefährlichste Unterzahlspieler der gesamten Liga.

Spitzenreiter der Pacific Division

Der Saisonstart der Sharks verlief trotz der unruhigen Vorbereitung hervorragend. Ende Oktober/Anfang November blieben sie neun Spiele ohne Niederlagen und stellten mit einem 3:2-Heimsieg gegen Chicago den Klubrekord ein – Marco Sturm trug sich in diesem Spiel gleich zweimal in die Torschützenliste ein. Nach weiteren elf Spielen mit nur einer Niederlage, darunter einem 8:0 bei den Calgary Flames, dem höchsten Auswärtssieg der Klubgeschichte, lösten sie Mitte Dezember die Los Angeles Kings als Spitzenreiter der Pacific Division ab. »Wir spielen sehr beständig. Das stimmt mich positiv im Hinblick auf das Play off«, zeigte sich Marco Sturm zufrieden. Neben Neuzugang Thornton, der sich als Glücksgriff herausstelle, wurde vor allem Torhüter Evgeny Nabokov als Schlüssel des Erfolges ausgemacht. Der gebürtige Kasache, der inzwischen die russische Staatsbürgerschaft besaß, war im Jahr zuvor nur elfmal zum Einsatz gekommen und lief Steve Shields den Rang als Nummer eines zwischen den Pfosten ab. Am Saisonende wurde er sogar mit der Calder Memorial Trophy als Neuling des Jahres in der NHL ausgezeichnet. Mit nur 2,19 Gegentreffern pro Spiel stellte Nabokov zudem einen neuen Klubrekord auf. Bereits 1994 hatten die Sharks den Russen gedraftet und bauten ihn in den zurückliegenden drei Jahren in ihren Farmteams in Kentucky und Cleveland mit Geduld auf.

Auch von einem Formtief zum Jahreswechsel mit 24 Spielen ohne Torerfolg ließ sich Marco Sturm nicht beunruhigen. Er sagte: »Ich weiß auch nicht, woran es liegt. Die Chancen sind da. Aber entweder schieße ich daneben oder der Goalie ist zur Stelle. Schlimmer wäre es, wenn ich gar keine Chancen mehr hätte.« Beim 6:1-Schützenfest gegen die Edmonton Oilers beendete er seine Flaute und traf im nächsten Spiel, einem 2:1-Auswärtssieg in Dallas, gleich wieder.

Mitte Februar erhielt der 22-Jährige Besuch aus der Heimat. Franz Reindl, Sportdirektor des Deutschen Eishockey-Bundes (DEB), und Assistenz-Bundestrainer Ernst Höfner kamen nach San Jose, um die Bereitschaft des Ex-Landshuters auszuloten, bei der bevorstehenden Weltmeisterschaft mitzuwirken. Der Verband hatte für das WM-Turnier 2001 die Austragungsrechte erhalten und die Nationalmannschaft im Jahr zuvor bei der B-WM in Kattowitz die Rückkehr in die A-Gruppe realisiert (wobei man als Gastgeber ohnehin für die A-Gruppe qualifiziert gewesen wäre). Innerhalb von nur vier Tagen legten Reindl und Höfner rund 27 000 Kilometer kreuz und quer durch die USA zurück und besuchten neben Marco Sturm auch die fünf weiteren deutschen Übersee-Legionäre Jochen Hecht (St. Louis Blues), Sascha Goc (New Jersey Devils), Olaf Kölzig (Washington Capitals) und Stefan Ustorf (Cincinnati Cyclons/AHL). Die beiden Funktionäre sprachen nicht nur mit den Spielern, sondern auch mit den Klubs über versicherungstechnische Fragen im Falle einer WM-Teilnahme. Marco Sturm allerdings zeigte sich skeptisch, was sein Mitwirken anbetraf: »Das wird ein Terminproblem werden. Selbst wenn wir in der ersten Play-off-Runde ausscheiden sollte, wird es verdammt knapp. Deshalb glaube ich eher nicht, dass ich mit von der Partie sein werde.«

Wechsel von Friesen war ein Schock

Auf dem Transfermarkt wurde Teemu Selanne, einer der besten Spieler der Liga (Spitzname: »The Finish Flash«), angeboten. Selanne hatte seinen Klub Anaheim Mighty Ducks, das Schlusslicht der Western Conference, mit den Worten »Ich bin das Verlieren leid« um Freigabe gebeten. Sharks-Manager Dean Lombardi witterte die große Chance, sein Team, das mit sieben Spielen ohne Sieg gerade ein kleines Zwischentief durchmachte, mit dem Stürmerstar zu verstärken. Selanne sollte die Torflaute der Sharks beheben: 181 Treffer in den ersten 64 Saisonspielen, im Schnitt gerade einmal 2,8 pro Partie, waren die wenigsten aller Play-off-Aspiranten. Allerdings musste ein hochwertiger Spieler als Tauschobjekt her. Die Wahl der Verantwortlichen fiel auf Jeff Friesen, der mit nur zwölf Toren und 24 Assists in den ersten 64 Saisonspielen unter seinen üblichen Werten geblieben war

Jeff Friesen – Freund in Übersee

Freundschaften sind selten im harten Profigeschäft NHL. Eine solche pflegte Marco Sturm jedoch zu Jeff Friesen, viereinhalb Jahre lang sein Mannschaftskamerad bei den San Jose Sharks. Gegenseitige Sympathie entwickelte sich in der Endphase von Marco Sturms erster Saison in der NHL: Friesens Eltern waren aus dem kanadischen Regina zu Besuch nach San Jose gekommen. »Friesens Mutter ist Deutsche und wollte unbedingt mal wieder mit jemanden deutsch sprechen«, erinnert sich Marco Sturm. »So sind wir intensiver in Kontakt gekommen.«

Als Marco Sturm zu Beginn seiner zweiten Saison ein neues Appartement in der gleichen Wohnanlage wie Friesen bezog, intensivierte sich der Kontakt. Beide Spieler fuhren gemeinsam zum Training, teilten sich bei Auswärtsreisen das Zimmer und verbrachten viel Freizeit miteinander. Von Mitspielern wurden beide als »Zwillinge« veralbert. Auch ihre Freundinnen und heutigen Frauen verstanden sich prächtig. Im Sommer 2003 flog Marco Sturm eigens zu Friesens Hochzeit nach Anaheim, dieser kam wenige Wochen später direkt aus den Flitterwochen zu Marco Sturms Trauung nach Landshut.

Friesen, zwei Jahre älter als Marco Sturm, war Anfang der Neunziger Jahre einer der herausragenden Juniorenspieler Kanadas. 1994 und 1995 wurde er mit der U-20-Auswahl seines Heimatlandes Weltmeister, 1994 von den San Jose Sharks an Position elf gedraftet. In den Spielzeiten 1997/98 und 1998/99 war er jeweils bester Scorer der Kalifornier. Im Februar 2002 gaben ihn die Sharks allerdings im Austausch gegen Teemu Selanne an die Anaheim Mighty Ducks ab, die ihn nach nur eineinhalb Jahren an die New Jersey Devils weiterreichten. Dort feierte der Kanadier 2003 mit dem Gewinn des Stanley Cups den größten Erfolg seiner Laufbahn. Als Topscorer des Play Off hatte er am Cupgewinn maßgeblichen Anteil. 1997 und 2004 wurde Friesen mit der Nationalmannschaft Kanadas Weltmeister.

Für Marco Sturm war der Abgang seines besten Freundes »im ersten Moment wie ein Schock«. Das Doppelzimmer bei Auswärtsspielen teilt er seither mit dem ein Jahr jüngeren Patrick Marleau. »Der ist gleich am nächsten Tag bei mir eingezogen«, so Marco Sturm.

und im Januar die für ihn ungewöhnliche Durststrecke von 15 Spielen ohne Torerfolg durchgemacht hatte. Zusätzlich wurde Torhüter Steve Shields an die Süd-Kalifornier abgegeben. Was niemand in der Mannschaft wusste: Bei der 2:3-Niederlage in Boston sollte der Kanadier letztmals das Sharks-Trikot tragen.

»Wir waren nach dem Spiel noch aus, hatten was getrunken, sind spät ins Hotel gekommen und wollten ausschlafen, weil wir am nächsten Tag trainingsfrei hatten«, erinnert sich Marco Sturm, der sich bei Auswärtsspielen mit Friesen ein Zimmer teilte. »Um 8 Uhr früh klopfte plötzlich jemand an unserer Zimmertür. Jeff war nicht wachzukriegen, ich bin hin und habe geöffnet. Es war einer unserer Betreuer, der sagte, dass Jeff sofort bei Manager Dean Lombardi zu erscheinen habe. Da wurde uns schon klar, dass was nicht stimmte. Jeff wurde über das Tauschgeschäft informiert. Als er nach einer Viertelstunde ins Zimmer zurückkam, hat er seine Sachen gepackt und ist sofort zum Flughafen gefahren. Ich war zunächst geschockt und traurig. Jeff war ja nicht nur mein Zimmerkollege, sondern auch mein bester Freund in Übersee. Aber mittlerweile habe ich akzeptiert, dass das Geschäft so läuft, wenn man mal nicht so gut drauf ist. Und Jeff hatte keine gute Saison.«

Antrittsschnell: Marco Sturm im Duell gegen den späteren NHL-Champion Colorado

Selanne war erfreut, dass der Deal zwischen den Sharks und den Mighty Ducks zustande kam. Bei seiner Ankunft in San Jose sagte er: »Neun Jahre habe ich bei Klubs gespielt (vor Anaheim bei den Winnipeg Jets; Anmerkung des Autors), deren höchstes Ziel das Erreichen des Play offs war. Jetzt kann ich endlich für eine Mannschaft spielen, die Meisterambitionen hat.« Wenige Tage später holte Lombardi zur Stabilisierung der Abwehr auch noch Routinier Jeff Norton (35 Jahre) zurück, der die Sharks erst vor Saisonbeginn in Richtung Pittsburgh verlassen hatte. In seinen ersten vier Einsätzen blieb Selanne ohne Torerfolg, wohl auch deshalb, weil er sich eine Woche vor dem Wechsel einer Knieoperation unterzogen hatte und dieses noch immer nicht ganz strecken konnte. Im fünften Spiel im Sharks-Dress, ausgerechnet gegen seinen alten Arbeitgeber Anaheim Mighty Ducks, platzte aber der Knoten: Beim 7:4-Sieg steuerte der 31-Jährige gleich drei Treffer bei.

Insgesamt gelangen Selanne in den zwölf verbliebenen Spielen der Vorrunde 13 Scorerpunkte (sieben Tore, sechs Assists). Der prominente Neuzugang konnte damit allerdings nicht verhindern, dass die Kalifornier in der Abschlusstabelle der Pacific Division noch von den Dallas Stars überholt wurden. Mit 40 Siegen und insgesamt 95 Punkten waren die Sharks in der Vorrunde so gut wie nie und stellten einen neuen Klubrekord auf. Zudem verbesserten sie zum fünften Mal in Folge ihre Punktausbeute gegenüber der Vorsaison – das gelang in der NHL-Geschichte zuvor erst vier anderen Klubs. Im Abschlussklassement der Western Conference nahmen sie den fünften Rang ein – auch das die beste Platzierung der Klubhistorie.

Play-off-Revanche durch St. Louis

Dementsprechend zuversichtlich ging Marco Sturm in die Neuauflage des Vorjahresduells gegen die St. Louis Blues, den Vierten der Western Conference, mit dem Ex-Mannheimer Jochen Hecht in ihren Reihen. Nachdem sich auch noch Stürmerstar Vincent Damphousse nach langer Verletzungspause zur entscheidenden Saisonphase zurückmeldete, sagte der 22-Jährige geradezu euphorisch: »Schon im vergangenen Jahr hatten wir gegen Dallas die Chance, die zweite Play-off-Runde zu überstehen. Ich denke deshalb, dass mehr drin ist in diesem Jahr. Wir haben eine hervorragende Mannschaft, erst recht, nachdem Damphousse wieder dabei ist. Die Chancen stehen gut.«

Abschluss-Tabelle Western Conference

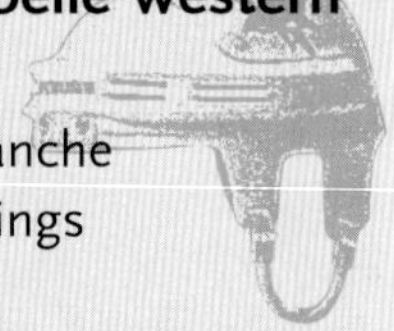

1. Colorado Avalanche
2. Detroit Red Wings
3. Dallas Stars
4. St. Louis Blues
5. San Jose Sharks
6. Edmonton Oilers
7. Los Angeles Kings
8. Vancouver Canucks
9. Phoenix Coyotes
10. Nashville Predators
11. Calgary Flames
12. Chicago Blackhawks
13. Columbus Blue Jackets
14. Minnesota Wild
15. Anaheim Mighty Ducks

Play-off-Achtelfinale

St. Louis Blues – San Jose Sharks 4:2

In der Heimat nahm Hans Zach derweil das deutsch-deutsche Duell mit Freude zur Kenntnis. »Das ist das Beste, was uns passieren kann«, sagte der damalige Bundestrainer. Was er damit meinte: Es war garantiert, dass einer der beiden deutschen Stürmer ausscheiden werde und die Nationalmannschaft bei der knapp zwei Wochen später beginnenden Weltmeisterschaft im eigenen Land (Hannover, Köln und Nürnberg) verstärken könne. »Einer von beiden kann für uns spielen«, freute sich Zach. »Wer, ist mir egal. Beide sind Topverstärkungen.«

Die Sharks durften nicht lange von einem erfolgreichen Play off träumen, sondern wurden gleich in der ersten Runde gegen die favorisierten Blues von der Realität eingeholt. Bei der 1:3-Niederlage im Auftaktspiel in St. Louis mussten sie den Verlust ihres Abwehr-Routiniers Gary Suter verkraften, der von St. Louis' Angreifer Keith Tkachuk mit einem Bandencheck außer Gefecht gesetzt wurde. »Er sah aus, als wäre er in eine Schlägerei mit John Wayne geraten« witzelte Headcoach Darryl Sutter noch, als er den 36-Jährigen mit einer Gehirnerschütterung in der Kabine liegen sah. Dem Trainer sollte aber schon bald das Lachen vergehen.

Zwei Tage später revanchierten sich die Sharks an gleicher Stelle mit einem dünnen 1:0. In der dritten Partie in der San Jose Arena erwischte Torhüter Evgeny Nabokov einen rabenschwarzen Tag und wurde bei der 3:6-Niederlage von Trainer Dar-

San Jose Sharks Saison 2000/01

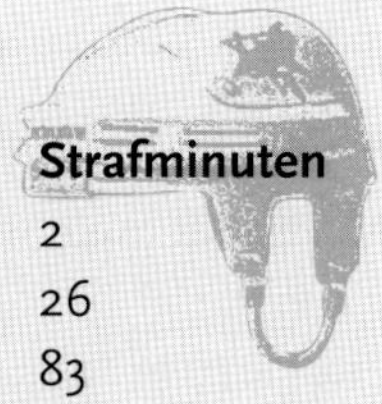

Position	Name	Spiele	Tore	Assists	Punkte	Strafminuten
S	Teemu Selanne	18	7	8	15	2
S	Patrick Marleau	87	27	27	54	26
S	Owen Nolan	63	25	26	51	83
S	Niklas Sundström	88	10	42	52	30
S	Vincent Damphousse	51	11	38	49	76
S	Mike Ricci	87	22	25	47	65
S	Scott Thornton	79	22	17	39	122
S	Jeff Friesen	64	12	24	36	56
V	Gary Suter	69	10	24	34	84
S	Marco Sturm	81	14	20	34	28
S	Stephane Matteau	86	14	22	36	32
S	Alexander Korolyuk	72	12	13	25	41
V	Brad Stuart	82	6	18	24	56
S	Todd Harvey	75	10	11	21	80
V	Bryan Marchment	80	7	12	19	206
V	Scott Hannan	81	3	15	18	57
V	Marcus Ragnarsson	73	3	13	16	52
S	Bill Lindsay	22	0	4	4	45
V	Jeff Norton	16	0	2	2	10
V	Mike Rathje	87	0	12	12	52
S	Tony Granato	65	5	5	10	69
V	Shawn Heins	40	3	4	7	57
S	Jim Montgomery	28	1	6	7	19
S	Mark Smith	42	2	2	4	51
V	Bobby Dollas	16	1	1	2	14
S	Matt Bradley	21	1	1	2	19
TW	Evgeny Nabokow	70	0	2	2	8
S	Paul Kruse	1	0	0	0	5
S	Mikael Samuelsson	4	0	0	0	0
TW	Mikka Kiprusoff	8	0	0	0	0
TW	Steve Shields	21	0	0	0	2

Trainer: Darryl Sutter

ryl Sutter vorzeitig vom Eis genommen. Der Russe hatte sich einen Grippevirus eingefangen und war nicht im Vollbesitz seiner Kräfte. Ersatzmann Miikka Kiprusoff kam zum Einsatz und stand auch in den beiden folgenden Partien zwischen den Pfosten. Mit einem 3:2 gelang den Sharks der 2:2-Augleich in der Serie.

Katastrophales Powerplay

Die Vorentscheidung fiel in Spiel fünf in St. Louis. San Jose hatte die Gastgeber am Rande einer Niederlage, führte bis zweieinhalb Minuten vor Spielende mit 2:1. Blues-Angreifer Dallas Drake konnte jedoch zum 2:2 ausgleichen. Die Verlängerung entwickelte sich zu einem Kampf um jeden Millimeter Eis. In der zehnten Minute der Verlängerung zielte St. Louis' Verteidiger Bryce Salvador eher zufällig auf das Sharks-Gehäuse – und tatsächlich zappelte der Puck zum 3:2 in den Maschen. In sechsten Spiel nutzten die Blues einen Blackout der Sharks Ende des zweiten Drittels für zwei Treffer: Nach feinem Zuspiel von Jochen Hecht brachte Cory Stillman die Gäste in der 36. Minute mit 1:0 in Führung, 52 Sekunden später ließ der Slowake Pavol Demitra das zweite Tor folgen. Im Schlussabschnitt mauerte St. Louis den Sieg über die Zeit, mehr als der 1:2-Anschlusstreffer der Sharks durch Verteidiger Brad Stuart (53. Minute) sprang nicht mehr heraus. »Im Gegensatz zum Vorjahr haben wir diesmal Ruhe bewahrt«, analysierte Blues-Headcoach Joel Quenneville.

Marco Sturm in Zahlen

Saison	Verein	Spiele	Tore	Assists	Punkte	Strafminuten
1995/96	EV Landshut	58	13	23	36	68
1996/97	EV Landshut	53	17	31	48	46
1997/98	San Jose Sharks	76	10	20	30	40
1998/99	San Jose Sharks	84	18	24	42	56
1999/2000	San Jose Sharks	86	13	18	31	28
2000/2001	San Jose Sharks	87	14	20	34	28
2001/2002	San Jose Sharks	89	24	22	46	34
2002/2003	San Jose Sharks	82	28	20	48	16
2003/2004	San Jose Sharks	64	21	20	41	36

Neben dem Verlust von »Quarterback« Suter, den die Sharks nicht kompensieren konnten, waren die Offensivschwäche mit gerade einmal elf Treffern in sechs Spielen und das geradezu katastrophale Überzahlspiel (bei 23 Gelegenheiten mit einem Mann mehr auf dem Eis gelang kein einziges Tor) am Ausscheiden schuld. Vor allem die Stürmerstars Owen Nolan und Teemu Selanne gerieten deshalb in die Kritik. Nolan erzielte im Play off nur einen, Selanne gar keinen Treffer. »Wir hätten ein entscheidendes Tor eines namhaften Spielers gebraucht, dann wäre das Momentum in dieser Serie vielleicht auf unsere Seite gewesen«, haderte Trainer Darryl Sutter. Zumindest Selanne hatte eine Entschuldigung: Er hatte sich in einem der letzten Vorrundenspiele den Daumen gebrochen. Die Sharks hatten die Verletzung bewusst verschwiegen, um hinterhältige Stockschläge der gegnerischen Spieler an die lädierte Stelle zu vermeiden. »Ich konnte den Puck gar nicht am Schläger spüren«, sagte Selanne.

Marco Sturm resümierte das Play off, in dem er in sechs Einsätzen zwei Assists verbuchte, wie folgt: »Ich kann nicht sagen, dass die Blues besser waren als wir. Aber sie waren irgendwie hungriger. Sie hatten, wohl auch bedingt durch den überraschenden K.o. in der Vorsaison, den größeren Siegeswillen.« Die Mannschaft aus dem US-Bundesstaat Missouri erreichte das Finale der Western Conference, wo sie sich dem späteren Stanley Cup-Gewinner Colorado Avalanche geschlagen geben musste. Colorado setzte sich in der über die Maximaldistanz von sieben Spielen gehenden Finalserie gegen Titelverteidiger New Jersey Devils durch.

Saison 2001/2002: Erstmals Division-Sieger – Sharks so gut wie nie

Mit nahezu unveränderter Besetzung nahmen die Sharks die neue Saison in Angriff. Einzig nennenswerter Verlust war Verteidiger-Routinier Jeff Norton (36), der sich den Florida Panthers anschloss. Auch Tony Granato ging von Bord: Der ehemalige Superstar erreichte zuletzt aber längst nicht mehr die Form früherer Tage und beendete mit 37 Jahren seine aktive Laufbahn. In der vergangenen Saison erzielte Granato gerade einmal noch zehn Scorerpunkte in 65 Spielen. Verteidiger Mike Rathje übte sich wegen nicht geklärter Vertragsdetails vorerst in Ausstand. Der 33-jährige Adam Graves von den New York Rangers, der seine besten Tage zwar schon hinter sich hatte, auf dem Papier dennoch eine deutliche Verstärkung darstellte, sollte die im vergangenen Play off schlappe Offensive beleben. Nach den ersten Trainingseinheiten bei seinem neuen Klub zeigte sich der Routinier angetan: »Ich habe selten in einer Mannschaft gestanden, in der alle vier Sturmreihen ein Spiel entscheiden können.«

In Expertenkreisen wurden die Kalifornier sogar als Geheimfavorit bezeichnet. »Die Sharks haben das stärkste Team ihrer Klubgeschichte. Die große Stärke liegt im Angriff, wo nicht nur Teemu Selanne Extraklasse darstellt«, schrieb das Fachblatt Eishockey NEWS in seiner Saisonvorschau. Marco Sturm störte sich an der neuen Rolle wenig: »Ich glaube, die Mannschaft dazu haben wir. Mit Teemu Selanne haben wir uns im vergangenen Jahr noch einmal kräftig verstärkt. Mit diesem Team sollten wir auf alle Fälle mehr erreichen als zuletzt.«

Die Spielzeit 2001/2002 markierte auch den Beginn einer neuen Zeitrechnung von deutschen Profis in der NHL. Kurz vor Saisonbeginn standen sechs Deutsche in den Aufgeboten der 30 NHL-Teams. Neben den etablierten Marco Sturm, Olaf Kölzig und Jochen Hecht, der von St. Louis an die Edmonton Oilers transferiert wurde, waren dies Sascha Goc bei den New Jersey Devils (der Ex-Schwenninger hielt sich in den Jahren zuvor vornehmlich im Farmteam Albany River Rats auf) und Jan Benda bei den Edmonton Oilers. Der Nationalspieler, der 1997 schon einmal neun Einsätze bei den Washington Capitals absolviert hatte, unterschrieb im Frühjahr am Rande der WM einen Vertrag bei den Kanadiern. Damit aber, aus deutscher Sicht, nicht genug: Bei den Detroit Red Wings feierte Uwe Krupp (36 Jahre) nach zweieinhalbjähriger Verletzungspause ein überraschendes Comeback. Damit war die deutsche Fraktion in der NHL so groß wie nie zuvor.

Allerdings endete für Benda und Goc der Traum von einem längeren Verbleib in der NHL abrupt. Benda wurde von den Oilers im letzten Durchgang der Kaderreduzierung gestrichen. Den Gang in die Minor Leagues wollte er sich mit 29 Jahren nicht mehr antun und wechselte statt dessen zum russischen Erstligisten AK Bars Kazan, der ihn mit einer Millionengage lockte. Auch Goc musste nach nur zwei Saisonspielen weichen und wurde zurück ins Farmteam nach Albany geschickt.

Erfolgreicher Saisonstart

Für Marco Sturm verlief der Saisonstart indes hervorragend. In den ersten drei Spielen blieb er zwar ohne Treffer, dafür war sein Torerfolg in Spiel vier gegen die Boston Bruins um so wichtiger. 16 Sekunden vor Spielende markierte er den Siegtreffer zum 3:2. Die 18 000 Zuschauer in der San Jose Arena waren aus dem Häuschen. Mit diesem Sieg übernahmen die Sharks auch die Führung der Pacific Divison. Dass die Saison zur bis dato erfolgreichsten in der Klubgeschichte werden sollte, zeichnete sich frühzeitig ab. Zehn Spiele lang blieb die Mannschaft von Darryl Sutter zwischen 27. November und 19. Dezember ungeschlagen. Damit stellten die Sharks nicht nur einen neuen Klubrekord auf, sondern bestätigen auch die Spitzenposition in ihrer Gruppe, die sie bis Saisonende nicht mehr abgeben sollten.

Für Marco Sturm standen nach 17 Spielen bereits sechs Treffer zu Buche. Und das, obwohl er in Überzahl kaum noch zum Einsatz kam. »Da ist jetzt die Reihe um Teemu Selanne erste Wahl«, sagte er. Über die reduzierte Spielzeit wollte er sich, im Gegensatz zu früheren Tagen in Landshut, wo er schon einmal mit den Trainern aneinander geriet, aber nicht beschweren: Im zweiten Block harmonierte er gut mit Patrick Marleau und dem Schweden Niklas Sundström. Marco Sturm: »Diese Zusammensetzung passt mir ganz gut. Patrick ist ein guter Center und Sunny gibt super Pässe. Aber eigentlich ist mir egal, mit wem ich zusammenspiele. Es macht generell einen Riesenspaß, in dieser Mannschaft zu spielen.« Sein Leistungspotenzial sah er noch lange nicht ausgeschöpft: »Ich werde wohl so bei 75 Prozent liegen. Ich bin sehr glücklich, so wie es bisher für mich in der NHL gelaufen ist. Aber ich sehe noch genügend Steigerungspotenzial.«

San Jose Sharks Saison 2001/02

Position	Name	Spiele	Tore	Assists	Punkte	Strafminuten
S	Owen Nolan	87	26	49	75	101
S	Vincent Damphousse	94	22	44	66	72
S	Teemu Selanne	94	34	28	62	42
S	Mike Ricci	91	23	40	63	48
S	Patrick Marleau	91	27	28	55	46
S	Scott Thornton	89	29	19	48	122
S	Marco Sturm	89	24	22	46	34
S	Niklas Sundström	85	10	36	46	56
V	Gary Suter	94	6	31	37	65
S	Adam Graves	93	20	15	35	57
V	Brad Stuart	94	6	26	32	47
S	Matt Bradley	64	9	13	22	43
S	Todd Harvey	81	9	15	24	85
V	Bryan Marchment	84	3	21	24	188
V	Marcus Ragnarsson	82	6	18	24	56
V	Jeff Jillson	52	5	13	18	29
V	Mike Rathje	64	6	15	21	54
V	Scott Hannan	87	2	14	16	69
S	Stephane Matteau	65	8	6	14	17
S	Alexander Koroyuk	32	3	7	10	14
S	Mark Smith	49	3	3	6	72
TW	Evgeny Nabokow	79	1	5	6	16
V	Shawn Heins	17	0	2	2	24
V	Steve Bancroft	5	0	1	1	2
TW	Vesa Toskala	1	0	0	0	0
S	Mike Craig	2	0	0	0	2
S	Hannes Hyvonen	6	0	0	0	0
TW	Miika Kiprusoff	21	0	0	0	4

Trainer: Darryl Sutter

Auch wenn sie mit dem Spitzenteam der Western Conference aus Detroit nicht mithalten konnten, zogen die Sharks an der Spitze der Pacific Divison einsam ihre Kreise. Auch Verteidiger Mike Rathje meldete sich nach 25 Spielen Streik zurück. In einem Vier-Augen-Gespräch mit Manager Dean Lombardi erzielte er Einigung über einen mit insgesamt 8,25 Millionen Dollar dotierten Vier-Jahres-Vertrag. Insider hatten schon nicht mehr damit gerechnet, dass Rathje noch einmal für den Klub auflaufen würde, für den er Zeit seiner NHL-Karriere seit 1993 spielte. »Es gab eine Phase, in der ich nicht mehr zurückkommen wollte«, so der Verteidiger. »Nun bin ich aber um so glücklicher, dass alles doch noch geklappt hat.«

Sorgen bereitete nur noch Bryan Marchment, ebenfalls Verteidiger, der mit einem absichtlichen Ellbogencheck gegen Carolinas Shane Willis wieder einmal negativ von sich reden machte und für sechs Spiele aus dem Verkehr gezogen wurde. Mit der schon zehnten Sperre seiner Profi-Laufbahn avancierte Marchment zum meistbestraften und am meisten gehassten Spieler der Liga. Verantwortliche anderer Klubs fürchteten um die Gesundheit ihrer Profis und forderten die Liga zum harten Durchgreifen auf. Ich hoffe nur, dass er nach seinem nächsten Foul für 30 Spiele gesperrt wird. Nur so lernt er es vielleicht«, sagte Glen Sather, Manager der New York Rangers, stellvertretend für viele seiner Kollegen.

Abschluss-Tabelle Western Conference

1.Detroit Red Wings
2.Colorado Avalanche
3.San Jose Sharks
4.St. Louis Blues
5.Chicago Blackhawks
6.Phoenix Coyotes
7.Los Angeles Kings
8.Vancouver Canucks
9.Edmonton Oilers
10.Dallas Stars
11.Calgary Flames
12.Minnesota Wild
13.Nashville Predators
14.Anaheim Mighty Ducks
15.Columbus Blue Jackets

Play-off-Achtelfinale
San Jose Sharks – Phoenix Coyotes 4:1

Play-off-Viertelfinale
Colorado Avalanche – San Jose Sharks 4:3

Schrecksekunde gegen Phoenix

Das Jahr 2001 endete für Marco Sturm schmerzhaft. Bei der 2:4-Heimniederlage gegen Phoenix verletzte er sich bereits im ersten Spieldrittel nach einem Bandencheck am linken Ellbogen. Glück im Unglück für den 23-Jährigen: Der zunächst befürchtete Armbruch bestätigte sich nicht, wegen einer starken Schwellung musste er jedoch fast zwei Wochen mit Training und Spiel aussetzen. Insgesamt fehlte er fünf Partien.

Kurz vor Jahreswechsel gab die NHL die Namen der Spieler bekannt, die von ihren Heimatverbänden für die Olympischen Spiele im Februar in Salt Lake City angefordert wurden. Von den Sharks wurden neben Marco Sturm fünf weitere Profis nominiert: Owen Nolan von Kanada, Gary Suter von den USA, Teemu Selanne von Finnland sowie Niklas Sundström und Marcus Ragnarsson von Schweden. Nolan gewann mit Team Canada die Goldmedaille, Suter mit den USA Silber. Auch Torhüter Evgeny Nabokov sollte für die russische Mannschaft auflaufen, allerdings wurde ihm vom ausrichtenden Weltverband die Freigabe für die »Rossija« verweigert, weil er für sein Geburtsland Kasachstan 1994 bereits an einem WM-Turnier teilgenommen hatte. In der Kabine wurde Marco Sturm von seinen Mannschaftskameraden für die

Olympia-Nominierung beglückwünscht: »Das Turnier in Salt Lake City hatte einen ganz anderen, viel höheren Stellenwert als Olympia vier Jahre zuvor in Nagano.«

Zurück vom gelungenen Olympia-Intermezzo aus Salt Lake City wurde Marco Sturm Augenzeuge eines geschichtsträchtigen Ereignisses: Beim 7:4-Sieg der Sharks am 10. März in Vancouver zeichnete sich Torhüter Evgeny Nabokov als Torschütze aus. Der Russe war erst der siebte Goalie in der Historie der NHL und der erste Europäer, dem ein derartiges Kunststück gelang. In der Schlussminute hatten die Gastgeber beim Spielstand von 4:6 ihren Schlussmann vom Eis genommen, um mit einem zusätzlichen Feldspieler vielleicht doch noch eine Wende in diesem Spiel zu erzwingen. 47 Sekunden vor Spielende kam Nabokov in Scheibenbesitz und wollte diese eigentlich zu Verteidiger Brad Stuart weiterpassen. »Ich sah ihn auf mich zukommen«, schilderte Nabokow die Szene, »gleichzeitig sah ich aber auch, wie sich eine Lücke in der Verteidigung von Vancouver auftat. Da dachte ich mir ›Go for it‹ und der Puck ging tatsächlich rein.«

Mit 44 Siegen und insgesamt 99 Punkten (die Sharks verbesserten ihre Bilanz zum sechsten Mal in Folge) schloss San Jose die Vorrunde erstmals in der Klubgeschichte als Gruppensieger ab. Mit insgesamt 248 Toren, durchschnittlich 3 pro Spiel, war San Jose nach Detroit das offensivstärkste Team der gesamten NHL. Marco Sturm verbuchte 21 Tore und 20 Assists in 77 Einsätzen, womit er den siebten Platz in der teaminternen Scorerwertung belegte. In der Plus-Minus-Statistik, in der Tore und Gegentore verglichen werden, bei denen ein Spieler auf dem Eis steht, war er sogar die Nummer eins in seinem Team.

Immer voller Einsatz: Im Zweikampf mit Colorados Rob Blake

Titelverteidiger erneut Endstation

Als Dritter der Western Conference trafen die Kalifornier im Play-off-Achtelfinale auf den Sechsten Phoenix Coyotes. Das Team aus Arizona war für die formstarken Sharks kein ernsthafter Prüfstein: Die Sharks gewannen vier von fünf Spielen (2:1, 4:1, 2:1 und 4:1) und qualifizierten sich erstmals in ihrer Klubgeschichte vorzeitig für die nächste Runde. Nur im zweiten Match vor eigenem Publikum mussten sie sich mit 1:3 geschlagen geben. Marco Sturm erzielte zwei der insgesamt 13 Tore seines Teams und blickte zuversichtlich auf das Viertelfinale: »Jetzt hoffen wir, dass sich die anderen die Kräfte gegenseitig rauben und wir in der nächsten Runde davon profitieren.« Noch nie waren die Sharks über diese Runde hinausgekommen.

Das Zweitrunden-Duell gegen Titelverteidiger Colorado Avalanche wurde zu einem Eishockey-Krimi und unerwarteten Offensiv-Spektakel. Experten sagten voraus, die Serie würde von den überragenden Torhütern auf beiden Seiten, Patrick Roy bei der Avalanche und Evgeny Nabokov bei den Sharks, geprägt werden. Die beiden Schlussleute sorgten in den ersten beiden Duellen dann auch tatsächlich für die Höhepunkte – allerdings für die negativen. Beim 6:3-Sieg der Sharks in Spiel erwischte Patrick Roy einen rabenschwarzen Tag, im Rückspiel zwei Tage später tat es ihm Evgeny Nabokov gleich und musste sich bei 28 Torschüssen gleich achtmal geschlagen geben – die Avalanche revanchierten sich mit 8:2. Ebenfalls torreich verlief das dritte Spiel in der mittlerweile nach einem Sponsor in »Compaq Center« umbenannten San Jose Arena: Die Sharks gewannen 6:4 und gingen in der Serie mit 2:1 in Führung. Doch der erfahrenen Mannschaft aus Denver machte dies wenig aus: Mit 4:1 verwies sie die Kalifornier in der folgenden Partie in die Schranken.

Es ging weiter abwechslungsreich hin und her: Erneut verließen die Sharks im Pepsi Center zu Denver als 5:3-Sieger das Eis – Marco Sturm hatte sein Team in der 33. Minute mit 1:0 in Führung geschossen – und hatten in Spiel sechs vor eigenem Publikum Matchball. Nach Treffern von Marcus Ragnarsson für San Jose und Steven Reinprecht für Colorado ging die Partie in die Verlängerung. Und in der schlug die große Stunde von Avalanche-Superstar Peter Forsberg: Nach 2:47 Minuten der Overtime hämmerte der Schwede nach Zuspiel von Joe Sakic den Puck zum 2:1 ins Gehäuse. Auch im entscheidenden siebten Spiel in Denver erzielte Forsberg den entscheidenden Treffer, den einzigen des Abends. »Das unterscheidet eben gute von sehr guten Spielern«, lobte Colorados Coach Bob Hartley seinen Superstar. Die Sharks indes bissen sich an Avalanche-Schlussmann Patrick Roy die Zähne aus: 27 Torschüsse entschärfte der Franko-Kanadier, selbst in den letzten 55 Sekunden des Spiels mit zwei Mann mehr auf dem Eis brachten Sturm & Co. die Scheibe nicht über die Linie.

Wie schon in der Saison 1998/99 war die Avalanche für die Sharks im Play off Endstation. »Das siebte Spiel war symptomatisch für die gesamte Serie«, resümierte Marco Sturm, der die Schlussphase des Spiels nicht mehr auf dem Eis, sondern in der Kabine erlebte. Nach einem Ellbogenschlag eines Gegenspielers hatte ihn eine leichte Gehirnerschütterung außer Gefecht gesetzt. »Wir waren in diesem Spiel wie auch in der gesamten Serie das bessere Team. Aber uns hat einfach das nötige Quäntchen Glück gefehlt«, sagte der 23 Jahre alte Dingolfinger, der sein fünftes Jahr in der NHL als »mein bislang mit Abstand bestes« bezeichnete. In den sieben Spielen gegen den Titelverteidiger erzielte er ein Tor und zwei Assists. Auch sein Standing im Team sei im Laufe der Jahre kontinuierlich gewachsen: »Führungsspieler bin ich zwar noch nicht. Aber immerhin zähle ich in der Kabine nicht mehr zu den Jüngsten. Ich glaube, ich bin irgendwo mittendrin. Im Grund aber ist mir das gar nicht so wichtig. Ich möchte vielmehr auf dem Eis auf mich aufmerksam machen. Alles andere kommt dann von ganz alleine.«

Saison 2002/2003: Bester Torschütze der Sharks

Der Sommer 2002 war in San Jose voller guter Nachrichten: Zunächst verlängerten Trainer Darryl Sutter und General Manager Dean Lombardi, die das Team in den vergangenen fünf Jahren zu einem der besten der Liga geformt hatten, ihre Verträge: Sutter stieg mit einem mit 850 000 Dollar dotierten Ein-Jahres-Kontrakt zu einem der Topverdiener der Trainergilde auf; Lombardi unterzeichnete gleich für die kommenden vier Spielzeiten bis 2006. Auch Torschützenkönig Teemu Selanne blieb dem Klub erhalten – und das sogar trotz Gehaltseinbuße. Der Finne erklärte sich zu einer Reduzierung seiner Bezüge von bislang 9,5 Millionen Dollar auf 6,5 Millionen in der neuen Saison bereit. General Manager Dean Lombardi staunte deshalb nicht schlecht: »Sein Verhalten dürfte heutzutage einzigartig sein. Andernorts hätte er wesentlich mehr verdienen können. Aber Teemu legt mehr wert auf eine familiäre Umgebung und einen Klub, der sein Können und seine Persönlichkeit schätzt. Sein Herz gehört den Sharks.«

Auch Marco Sturm nahm Selannes Entscheidung verblüfft zur Kenntnis: »Wer 9,5 Millionen im Jahr verdient, kann schon mal zurückstecken ... Aber im Ernst: Ich war schon auch überrascht. Ich bin froh, dass er bei uns bleibt, denn wenn er so, wie am Ende der vergangenen Saison spielt, ist er einer der ganz Großen.« Der Niederbayern beschäftigte sich gedanklich ebenfalls bereits mit der Verlängerung seines zum Saisonende auslaufenden Vertrages: »Wenn ich noch einmal eine so gute Saison spiele wie zuletzt, bin ich in einer guten Verhandlungsposition.« Als persönliches Ziel setzte er sich, wie in der Vorsaison die 20-Tore-Marke zu knacken.« Über die Mannschaft sagte er: »Es wird für uns allgemein eine sehr interessante und schwierige Saison, weil sich Dallas sehr gut verstärkt hat. An ihnen wollen wir uns messen.«

Mit Mittelstürmer Marcel Goc und Torhüter Dimitri Pätzold aus Mannheim sowie Verteidiger Christian Ehrhoff aus Krefeld durfte er im Trainingslager drei deutsche Spieler begrüßen, die er zum Teil schon aus der Nationalmannschaft kannte. Das Trio wurde von den Sharks im Jahr zuvor nach der Weltmeisterschaft in Deutschland gedraftet und sollte in der Vorbereitung erste Erfahrungen in der NHL sammeln, die Saison jedoch in ihrer Heimat absolvieren. Bei der 0:1-Niederlage in einem Testspiel gegen die Los Angeles Kings hinterließen Goc und Ehrhoff einen vielversprechenden Eindruck. »Goc sah überhaupt nicht aus wie ein Rookie ... Ehrhoff machte in der Defensive nicht einen Fehler«, schrieb die Tageszeitung »The Mercury News«.

Goc, Ehrhoff und Pätzold waren in diesem Sommer aber nur drei von fünf deutschen Spielern, die sich in der NHL versuchten. Nach den glänzenden Leistungen der Nationalmannschaft bei den Weltmeisterschaften im eigenen Land und in Schweden sowie den Olympischen Spielen in Salt Lake City waren deutsche Talente mehr und mehr ins Visier der amerikanischen Talentspäher gerückt. Der Münchner Christoph Schubert und der Mannheimer Dennis Seidenberg (beide wurden ebenfalls im Jahr zuvor gedraftet) entschlossen sich sogar zu einem Verbleib in Übersee. Während Schubert bei den Ottawa Senators allerdings nicht den Sprung in den Kader schaffte und ins gleichnamige Farmteam nach Binghamton abgegeben wurde, avancierte der erst 21 Jahre alte Verteidiger Dennis Seidenberg zur positiven Überraschung im Trainingslager der Philadelphia Flyers und wurde in den NHL-Kader aufgenommen. Mit dem gebürtigen Schwenninger verbindet Marco Sturm seit der WM 2001 eine Freundschaft: »Wir haben uns dort kennengelernt. Zudem haben wir mit Larry Kelly denselben Agenten. Wir tauschen uns seither regelmäßig telefonisch aus.«

Geheimfavorit startet enttäuschend

Die San Jose Sharks, in den vergangenen Jahren eine Art Geheimfavorit auf den Gewinn des Stanley Cups, wurden diesmal als Favorit der für den ersten Platz in der Western Conference und logischer Halbfinal-Teilnehmer gehandelt. Das Fachblatt Eishockey NEWS etwa schrieb in seiner Saisonprognose: »Die Sharks können es weit schaffen. Wenn die Top-Leute zur rechten Zeit in Form kommen, sogar bis zum Titel.« Der Kader, der in der Vorsaison das Viertelfinale erreicht hatte, blieb nahezu unverändert beisammen. Verteidiger-Routinier und Olympia-Teilnehmer Gary Suter (38 Jahre) beendete seine aktive Laufbahn. Mit den Youngsters Jim Fahey, Jonathan Cheechoo und Niko Dimitrakos wurden drei Spieler aus dem Farmteam Cleveland Barons befördert. Die Vorbereitung verlief tatsächlich Erfolg versprechend, obwohl mit Torhüter Evgeny Nabokov und Verteidiger Brad Stuart zwei Stammspieler fehlten, weil sie sich mit Manager Dean Lombardi nicht über die Details einer Vertragsverlängerung einigen konnten. Marco Sturm brachte ausgezeichnete Leistungen und wurde neben Teemu Selanne und Patrick Marleau in der Paradereihe eingesetzt.

Letztendlich kam jedoch alles ganz anders: Vier der ersten fünf Saisonspiele, allesamt vor heimischem Publikum, gingen verloren. Vor allem das eigene Gehäuse entwickelte sich zur Schießbude. Die Nabokov-Stellvertreter Miikka Kiprusoff und Vesa Toskala mussten gleich 22 Mal hinter sich greifen (4,4 Gegentore pro Spiel). Es folgte ein sechs Spiele umfassender »Road Trip«, bei dem immerhin drei Siege eingefahren wurden. Aber zurück in heimischer Halle, die zum dritten Mal binnen 22 Monaten umbenannt wurde (diesmal von Compaq Center in HP Pavilion), schwächelte das Team erneut, verlor gegen Minnesota Wild 2:4 und gegen die New York Rangers 4:5. »Die Erwartungen vor der Saison waren nach unserem Erfolg im Jahr zuvor riesig. Jeder sprach davon, dass wir ein Titelanwärter seien. Diesen Druck konnten wir nicht standhalten«, suchte Marco Sturm nach Erklärungen für den verkorksten Start. Und weiter: »Ohne wichtige Stützen wie Nabokov und Stuart ist es anfangs nicht gelaufen. Schon da war abzusehen, dass es schwer werden würde.«

Den Erfolg im Visier: Marco Sturm avancierte in der Saison 2002/03 zum besten Torschützen der Sharks

In den Verhandlungen mit dem russischen Torhüter, der auf stur stellte und mit einem Wechsel zurück in seine Heimat drohte, gab Manager Lombardi schließlich nach, wie später auch bei Stuart. Nabokov unterschrieb einen mit 7,15 Millionen Dollar dotierten Zwei-Jahres-Vertrag und verfünffachte damit sein Einkommen. Ursprünglich hatten die Sharks »nur« 6,0 Millionen geboten. Aber auch mit dem

Startorhüter zwischen den Pfosten gelang die Wende zum Guten nicht: Von den ersten sieben Spielen mit Nabokov verloren die Sharks fünf und fielen nach einer 2:5-Heimniederlage gegen Minnesota Wild sogar auf den letzten Platz der Pacific Divison zurück.

Trainer Sutter muss gehen

Trainer Darryl Sutter gab sich ob der Krise ratlos: »Ich kann einem Spieler keinen Vorwurf machen, wenn er mal einen Bock baut. Aber momentan kommen da vier, fünf Böcke pro Spiel zusammen.« Der Trainer versuchte mit dem Patentrezept, der Umstellung der Sturmreihen, einen Ausweg aus der Krise zu finden. Als zweitbester Scorer und erneut bester Plus-Minus-Spieler seines Teams musste Marco Sturm seinen Platz in der Pardereihe neben Selanne und Marleau räumen und sollte den bislang unter Ladehemmung leidenden Graves und Sundström auf die Sprünge helfen, was bei dem Betroffenen nicht auf ungeteilte Zustimmung stieß: »Das kam für mich schon ziemlich überraschend, schließlich waren wir bislang die beste Formation.« Doch nichts half: Die Mannschaft schlitterte von einer Pleite in die nächste und die Stimmung wurde von Tag zu Tag schlechter. Marco Sturm: »Wir sind frustriert, und das nicht schlecht. Bei uns wird geschimpft wie verrückt, es geht derzeit einfach nur drunter und drüber. Vor allem das Abwehrverhalten des kompletten Teams ist eine absolute Katastrophe.« Auch in Sachen Taktik und Disziplin stimmte nichts mehr: »Im vergangenen Jahr waren wir im Spiel fünf-gegen-fünf eines der besten Teams der Liga. Aber zur Zeit geht da gar nichts. Und dazu kassieren wir zu viele Strafzeiten«, so Marco Sturm.

Am 1. Dezember, nach einer 2:3-Heimniederlage gegen die Phoenix Coyotes, zogen die Verantwortlichen um General Manager Dean Lombardi die Konsequenzen und erteilten Trainer Darryl Sutter nach fünf Jahren und 434 Spielen an der Bande der Sharks den Laufpass. »Es fiel uns nicht leicht. Darryl hat schließlich viel für unseren Klub getan. Aber wir mussten handeln: In dieser Saison, mit dieser Teamzusammensetzung haben wir uns einfach mehr Erfolg versprochen«, begründete Lombardi die Entscheidung. Auch die beiden Assistenztrainer Rich Preston und Lorne Molleken mussten gehen. Für Marco Sturm kam die Entlassung Sutters nicht überraschend. »Darryl war schon länger in der Kritik«, berichtete er. »Aber dadurch, dass das Team stets erfolgreich war, hielt sich das noch in Grenzen.« Sutter brauchte allerdings nicht lange auf ein neues Tätigkeitsfeld zu warten. Drei Wochen später heuerte der Kanadier im Trainerstab der Calgary Flames an, bei denen er noch im Laufe der Saison die Position des Headcoaches übernahm.

Eine Partie, beim 3:2-Sieg nach Verlängerung im »Rückspiel« bei den Phoenix Coyotes, sprang Cap Reader, Assistenzcoach bei Farmteam Cleveland Barons, als Interimstrainer ein. Aber schon fünf Tage nach Sutters Entlassung feierte der neue

Trainer Ron Wilson sein Debüt mit einem 3:2-Erfolg über die Columbus Blue Jackets. Mit der Verpflichtung des 47-Jährigen gelang den Sharks ein landesweit vielbeachteter Coup: Wilson ist einer der ganz großen Namen im nordamerikanischen Trainergeschäft. Als Trainer der US-Auswahl gewann er 1996 den World Cup, das Nachfolgeturnier des Canada Cup. Auch bei den WM-Turnieren 1994 in Italien und 1998 in der Schweiz sowie Olympia 1998 in Nagano stand er hinter der amerikanischen Bande. Vor seinem Engagement bei den Sharks war Wilson, der als Aktiver 197 NHL-Spiele absolvierte und auch fünf Jahre beim HC Davos in der Schweiz verbrachte (1981 bis 1986), fünf Spielzeiten lang gemeinsam mit dem deutschen Torhüter Olaf Kölzig bei den Washington Capitals tätig, die er 1998 auch ins Finale um den Stanley Cup führte. Davor trainierte er vier Jahre lang die Anaheim Mighty Ducks.

Auch mit Wilson in der Krise

Es dauerte einige Zeit, bis Marco Sturm mit seinem neuen Vorgesetzten »warm« wurde. Seine Vorahnungen fanden Bestätigung: »Bei einem Trainerwechsel weiß man zuerst nie, was passiert. Anfangs, in den ersten paar Spielen, hatte ich unter Ron Wilson Probleme, er hat mich nicht so oft gebracht. Mit der Zeit hat er aber gesehen, was ich kann. Zum Schluss war es wie gewohnt, vielleicht sogar noch ein bißchen besser.« Heute beschreibt er den Unterschied zwischen seinem alten und neuen Trainer wie folgt: »Das sind zwei völlig unterschiedliche Typen. Nicht nur von ihrer Eishockey-Philosophie her, sondern auch menschlich. Darryl Sutter war nicht zu Unrecht als harter Hund verschrien, auch wenn er in den vergangenen Jahren etwas ruhiger wurde. Er war ein knallharter Coach, es war oft nicht lustig mit ihm. Für ihn gab es nur ein Thema, er war total auf Eishockey fixiert. Ron Wilson ist hingegen wesentlich lockerer und smarter, mehr ein Spaßtyp. Auch seine Taktik ist varibaler, während bei Darryl Sutter harte Arbeit und möglichst einfaches Eishockey im Vordergrund standen.«

Nicht nur auf sportlicher Ebene gab es bei den Sharks Änderungen, sondern auch hinter den Kulissen. George Gund III hatte bereits im Frühjahr erklärt, sich aus der ersten Reihe zurückzuziehen und den Klub, dem er seit dessen Gründung gemeinsam mit seinem Bruder zwölf Jahre lang vorstand, mit Wirkung zum 1. Januar an die »San Jose Sports & Entertainment Enterprises« (SJSEE), einem Konsortium aus zwölf Geschäftsleuten, zu verkaufen. Geschätzter Kaufpreis: 140 Millionen Dollar. Einer der neuen Mitbesitzer ist der Deutsche Hasso Plattner, der einst gemeinsam mit Dietmar Hopp den Software-Giganten SAP gründete und inzwischen in Florida lebt. Auf Tagesgeschäft und sportliche Belange des Klubs nahmen die neue Besitzergruppe ebenso wenig Einfluss wie Gund, der weiterhin ein Zwölftel der Anteile hält. »Für uns Spieler«, sagt Marco Sturm, »hat sich nicht viel geändert.«

Scheut nicht die Gefahrenzone: Marco Sturm im Slot

Aber auch Wilson gelang es nicht, die erhoffte Kehrtwende einzuleiten und die Mannschaft aus der Krise zu führen. Zwar witterte sich das Team Ende Dezember nach fünf Siegen aus sieben Spielen auf dem Wege der Besserung. »Jetzt rollen wir das Feld von hinten auf«, tönte Torwart Nabokov. Im nächsten Spiel setzte es aber postwendend ein 3:9-Debakel in Ottawa. Erst das dritte Mal in seiner NHL-Laufbahn ging Nabokov vorzeitig vom Eis. »Ende Februar, nach sechs Niederlagen aus sieben Spielen, war dann endgültig klar, dass es mit dem Erreichen des Play off nicht klappen würde. Bis dahin hatten wir zwar schlecht gespielt, aber immer noch so eine kleine Chance gehabt, doch noch nach oben zu kommen«, erinnert sich Marco Sturm. Über den Trainerwechsel sagt er: »Er hat nur kurze Zeit etwas bewirkt. Danach verfiel wieder alles in seinen alten Trott.« Neu-Trainer Wilson bemängelte vor allem die lasche Berufsauffassung einiger seiner Stars: »Anstatt den Stier bei den Hörnern zu packen, lehnen sie sich zurück und sagen: ›Ist doch alles prima‹. Keiner übernimmt Verantwortung.«

Die Folge waren Spielerwechsel. Nachdem die beiden Schweden Marcus Ragnarsson (wechselte nach Philadelphia) und Niklas Sundström (nach Montreal) bereits im Dezember beziehungsweise Januar die Stadt verlassen mussten, folgten im März langjährige Leistungsträger wie Olympiasieger Owen Nolan (nach Toronto), Bryan

Marchment (Colorado) und Shawn Heins (Pittsburgh). Einzig nennenswerte Verstärkung, die im Gegenzug nach San Jose kam, war Offensiv-Verteidiger Dan McGillis aus Philadelphia. Marco Sturm verfolgte die Entwicklung mit einem lachenden und einem weinenden Auge. Er erinnert sich: »Natürlich ist es nicht gut, wenn Leute wie Owen Nolan den Klub verlassen und man im Gegenzug kaum Ersatz erhält. Für mich persönlich wiederum war diese Entwicklung aber gar nicht so schlecht. Quasi über Nacht bin ich zum Führungsspieler einer verjüngten Mannschaft geworden.«

Auch der Name des Deutschen wurde regelmäßig als Tauschobjekt ins Spiel gebracht. Und Marco Sturm wäre einem Wechsel gar nicht abgeneigt gewesen: »Früher hätte ich mir das nicht vorstellen können. Da wäre für mich eine Welt zusammengebrochen, wenn man mich abgegeben hätte. Inzwischen wäre es aber für mich kein Problem mehr, woanders zu spielen. Im Gegenteil: So ein Wechsel hätte vielleicht sogar etwas Reizvolles. Wenn ich abgegeben werde, dann sollte es allerdings schon zu einem Verein sein, der um die Meisterschaft mitspielen kann.«

Turbulente Saison bei den Sharks

Im Frühjahr ereilte General Manager Lombardi das gleiche Schicksal wie Trainer Darryl Sutter drei Monate zuvor. Der Kanadier, der seit 1996 maßgeblich am Aufstieg der Sharks beteiligt war und nahezu alle Spieler, die heute den Hai auf ihrer Brust tragen, nach San Jose geholt hatte, wurde gefeuert. »Diese Entscheidung war nötig, um die Sharks für die kommende Saison wieder Play-off-tauglich zu machen«, erklärte Finanzchef Greg Jamison, der gemeinsam mit Lombardis Stellvertreter Wayne Thomas vorübergehend das Amt des General Managers übernahm. »Diese Saison ist ein absoluter Reinfall. Nichts ist so gelaufen, wie wir es vorhergesehen hatten.« Für Marco Sturm kam die Entlassung Lombardis überraschender als die von Sutter drei Monate zuvor, schließlich genoss der Kanadier in der Liga den Ruf als einer der besten und cleversten General Manager. »Ich denke, dass Dean gut gearbeitet hat«, sagte der Deutsche. »Da spielten wohl andere Gründe mit rein, die nicht nach außen dringen.«

Abschied aus San Jose? Auch Marco Sturm wird zwischenzeitlich als Tauschobjekt gehandelt

Nach seinem Rauswurf steckte Lombardi der örtlichen Presse, dass er über den Sparkurs der neuen Klubführung stolperte. Im Gegensatz zu Vorbesitzer George Gund waren die neuen Eigentümer nicht bereit, die Sharks wie einen Meisterschaftsfavoriten zu führen. Die Brieftaschen blieben geschlossen und Lombardi wurde vor Saisonbeginn dazu gezwungen, Leistungsträger wie Goalie Evgeni Nabokov und Verteidiger

Brad Stuart bei den Vertragsverhandlungen in die Enge zu treiben, was nicht zuletzt einer der Gründe für den schwachen Saisonstart war. Unter dem Strich war die Spielzeit 2002/2003 aus Sicht der Sharks ein nicht enden wollender Albtraum. Die Bilanz mit nur 28 Siegen und 73 Punkten war so schwach wie seit sechs Jahren nicht mehr. Als Fünfter und Letzter der Pacific Division und als 14. von 15 Teams in der gesamten Western Conference verpasste San Jose erstmals seit der Spielzeit 1996/1997 wieder das Play off.

Den Stanley Cup gewannen zum dritten Mal in den zurückliegenden acht Jahren die New Jersey Devils. In der Finalserie setzten sie sich gegen das Überraschungsteam Anaheim Mighty Ducks in sieben Spielen durch.

Neue Position, neues Glück: So viele Tore wie nie

Für Marco Sturm indes lief die Saison individuell hervorragend: Als einer der wenigen Leistungsträger brachte er seine Leistung und war mit 28 Saisontreffern nicht nur bester Torschütze seines Teams, sondern auch einer der 50 torgefährlichsten Spieler der gesamten Liga. Eng verbunden war das Formhoch des Deutschen auch mit einem Positionswechsel: Während er in den Jahren zuvor von Trainer Darryl Sutter regelmäßig noch auf der Mittelstürmerposition aushelfen musste, auf der er in seiner Jugend und Landshuter Zeit stets spielte, setzte ihn Ron Wilson ausschließlich als Linksaußen ein. Sein Hintergedanke: Marco Sturm sollte sich nicht mehr mit der Spielaufbau beschäftigen, sondern könne auf der Außenposition seine Schnelligkeit mehr zur Geltung bringen.

Abschluss-Tabelle Western Conference

1. Dallas Stars
2. Detroit Red Wings
3. Colorado Avalanche
4. Vancouver Canucks
5. St. Louis Blues
6. Minnesota Wild
7. Anaheim Mighty Ducks
8. Edmonton Oilers
9. Chicago Blackhawks
10. Los Angeles Kings
11. Phoenix Coyotes
12. Calgary Flames
13. Nashville Predators
14. San Jose Sharks
15. Columbus Blue Jackets

Wilson bezeichnete seinen Schützling zu Saisonende sogar als »einen der besten Zwei-Wege-Stürmer der NHL«. Marco Sturm indes wusste nicht, ob er in seinem Saison-Resümee froh oder traurig sein sollte. Er sagte: »Von der Mannschaft her ist es heuer nicht so gelaufen, wie wir uns das alles vorgestellt und gewünscht haben. Es ist doppelt ärgerlich, wenn man nicht in das Play off reinkommt, obwohl man einen guten Kader hat. Aber persönlich war es das beste Jahr meiner Karriere. Ich habe meine Punktausbeute weiter verbessert. Erstmals habe ich auch alle 82 Saisonspiele absolviert und hatte, auch bedingt durch den Transfer von Owen Nolan, deutlich mehr Eiszeit als in den Jahren zuvor.«

Sein persönliches Hoch beschrieb er wie folgt: »Ich konzentriere mich jetzt mehr auf die Offensive. Ich habe ja mittlerweile sechs Jahre Zeit gehabt, rauszukriegen, wie

San Jose Sharks Saison 2002/03

Position	Name	Spiele	Tore	Assists	Punkte	Strafminuten
S	Teemu Selanne	82	28	36	64	30
S	Vincent Damphousse	82	23	38	61	66
S	Patrick Marleau	82	28	29	57	33
S	Marco Sturm	82	28	20	48	16
S	Owen Nolan	61	22	20	42	91
S	Mike Ricci	75	11	23	34	53
V	Mike Rathje	82	7	22	29	48
V	Scott Hannan	81	3	19	22	61
S	Scott Thornton	41	9	12	21	41
V	Jim Fahey	43	1	19	20	33
S	Todd Harvey	76	3	16	19	74
S	Adam Graves	82	9	9	18	32
S	Jonathan Cheechoo	66	9	7	16	39
V	Dan McGillis	37	3	13	16	30
S	Mark Smith	75	4	11	15	64
V	Brad Stuart	36	4	10	14	46
S	Niko Dimitrakos	21	6	7	13	8
S	Niklas Sundström	47	2	10	12	22
V	Bryan Marchment	67	2	9	11	108
S	Alyn McCauley	16	3	7	10	4
V	Marcus Ragnarsson	25	1	7	8	30
V	Kyle McLaren	33	0	8	8	30
V	Jeff Jilsson	26	0	6	6	9
S	Matt Bradley	46	2	3	5	37
S	Lynn Loyns	19	3	0	3	19
S	Miroslav Zalesak	10	1	2	3	0
V	Rob Davison	15	1	2	3	22
S	Wayne Primeau	7	1	1	2	0
S	Ryan Kraft	7	0	1	1	0
V	Shawn Heins	20	0	1	1	9
S	Chad Wiseman	4	0	0	0	4
V	John Kakopin	12	0	0	0	11
V	Jesse Fibiger	16	0	0	0	2
TW	Vesa Toskala	11	0	0	0	0
TW	Miika Kiprusoff	22	0	0	0	0
TW	Evgeny Nabokow	55	0	0	0	10

Trainer: Darryl Sutter, Cap Reader, Ron Wilson

das geht. Mit der Entwicklung meiner Schnelligkeit habe ich auch das Gefühl bekommen, dass ich in der Lage bin, Tore zu erzielen. Hinzu kommt, dass ich die vergangenen Jahre immer öfter in der ersten oder zweiten Reihe eingesetzt wurde. Das hilft einem natürlich, wenn man mit den richtigen Spielern auf dem Eis steht.«

Auch von den zwischenzeitlichen Wirren um den Irak-Krieg, den sein Gastgeberland eröffnete, und drohenden Terroranschlägen ließ sich Marco Sturm nicht abbringen. »Man wird im Fernsehen, Internet, Radio und den Tageszeitungen täglich damit konfrontiert und macht sich natürlich so seine Gedanken«, sagte der Deutsche. Aus politischen Diskussionen allerdings hielt er sich heraus: »Ich möchte das Thema am liebsten verdrängen. Ich arbeite hier, muss von Spiel zu Spiel Leistung bringen. Man hat schließlich keine andere Wahl, deswegen sollte man sich nicht zuviel darüber den Kopf zerbrechen.« Dass das deutsch-amerikanische Verhältnis darunter gelitten hätte, dass die USA stolz in den Krieg zogen, Deutschland indes für eine friedliche Lösung plädierte, konnte er nicht feststellen: »Überhaupt nicht, auch außerhalb des Eishockeys nicht. Egal, wo man hinkommt: Ich habe deswegen keine Probleme erlebt. Klar wird im Team untereinander der ein oder andere Joke gemacht, obwohl es ein sehr ernstes Thema ist. Aber wir haben auch sehr viele Kanadier und die sind auch nicht dabei, die können also auch nichts sagen.«

Absage für die WM

Ein Marco Sturm in derart glänzender Verfassung hätte auch der deutschen Nationalmannschaft bei der WM in Finnland gut zu Gesicht gestanden. Doch mit Ablauf des letzten Saisonspiels – einem versöhnlichen 3:1-Heimsieg gegen die Los Angeles Kings – war auch sein Vertrag bei den Sharks ausgelaufen und nach den Turbulenzen im Laufe der Saison mit den Rauswürfen von Trainer Darryl Sutter und Manager Dean Lombardi gab es bei den Sharks niemanden, der sich um Verlängerung kümmerte. Im Falle einer WM-Teilnahme hätte für Marco Sturm also kein Versicherungsschutz bestanden. »Dass noch vor WM-Beginn eine Vertragsverlängerung zustande kommt, ist eher unwahrscheinlich«, erklärte der Betroffene. »Wir haben derzeit keinen Ansprechpartner. Das Verletzungsrisiko ist einfach zu groß. Ich habe mit meinem Manager darüber gesprochen und ihm wäre es lieber, ich würde nicht spielen.«

Eine Sonder-Versicherung eigens für den Zeitraum der WM kam dem finanziell nicht auf Rosen gebetteten Deutschen Eishockey-Bund (DEB) zu teuer. »Für diesen Ausnahmefall eine Versicherung abzuschließen, ist unbezahlbar«, erklärte der inzwischen vom Sportdirektor zum Generalsekretär beförderte Franz Reindl. Auf Grund des vertragslosen Zustandes hätte für Marco Sturm eine Versicherung für den Extremfall der Sport-Invalidität abgeschlossen werden müssen. »Die Summe würde ein Vielfaches der 45 000 Euro betragen, die wir für eine eventuelle WM-Teilnahme von

Torhüter Olaf Kölzig aufbringen müssten«, so Reindl. Letztendlich musste der DEB nicht einmal das: Auch Kölzig sagte seine WM-Teilnahme ab.

Wie schon vor Saisonbeginn 2000/2001 wurden die Verhandlungen über eine Vertragsverlängerung zu einem Geduldsspiel. Die Sharks, bei denen die Interims-Manager Greg Jamison und Wayne Thomas nur eingeschränkt entscheidungsbefugt waren, wollten das Gehalt des Deutschen wie bei vielen anderen Spielern reduzieren. Doch Marco Sturm und sein Manager Larry Kelly sahen die Vorteile auf ihrer Seite. »Wir könnten vor das Schiedsgericht ziehen, das ist auch schon mal ein Plus. Da wäre die Frage früher geklärt«, gab sich der Kanadier gelassen. Am 15. Juli, zweieinhalb Monate früher als beim letzten Mal, wurden sich beide Seiten über eine Vertragsverlängerung einig. Verbunden sogar mit einer Gehaltsaufbesserung: Statt wie zuletzt 1,1 Millionen Dollar sollten Marco Sturm künftig 2,0 Millionen überwiesen werden.

Saison 2003/2004: Beinbruch beendet erfolgreiche Saison

Nach der enttäuschenden Vorsaison vollzogen die Sharks im Sommer 2003 einen personellen Umbruch – den größten seit Saisonbeginn 1997/1998, als Marco Sturm ins Silicon Valley wechselte. Mit Teemu Selanne und Adam Graves wurden zwei Spieler Free Agents. Der 33-jährige Selanne wechselte zur Colorado Avalanche, wo er sich eine größere Chance erhoffte, seinen Traum vom Gewinn des Stanley Cups zu realisieren. Der zwei Jahre ältere Graves beendete seine Laufbahn. Auch Offensiv-Verteidiger Dan McGillis ging nach nur einer halben Saison in San Jose wieder von Bord (nach Boston). Bereits während der Vorsaison hatten der ehemalige Topscorer Owen Nolan, die beiden Schweden Marcus Ragnarsson und Niklas Sundström sowie Shawn Heins den Klub verlassen.

Selbst ist der Mann: Marco Sturm vor dem Training

Auf die Verpflichtung prominenter Neuzugänge wurde aus Kostengründen verzichtet. Zwar hatte sich der Klub die Transferrechte am mittlerweile 42 Jahre alten, einstigen Superstar Mark Messier gesichert, machte davon allerdings keinen Gebrauch. Messier heuerte im Laufe der Saison wieder bei seinem Ex-Verein New York Rangers an. Der Personaletat konnte somit um knapp ein Viertel von 47,8 Millionen US-Dollar in der Vorsaison auf nunmehr 35,3 Millionen heruntergefahren werden. Nur neun der 30 NHL-Klubs gaben für ihre Mannschaften weniger Geld aus (in der Vorsaison waren die Sharks noch das Team mit dem elftgrößten Personaletat gewesen).

Der neue General Manager Doug Wilson und Trainer Ron Wilson wollten vielmehr um die verbliebenen Leistungsträger Patrick Marleau, Marco Sturm, Vincent Damphousse und Scott Thornton eine neue, hungrige Mannschaft aufbauen. Doug Wilson, nicht verwandt mit dem Trainer, hatte den seit dem Rauswurf von Dean Lombardi verwaisten Posten übernommen. Der 45-Jährige war als aktiver Spieler ein Shark der ersten Stunde. Bei Klubgründung 1991 wurde der damalige Verteidiger von den Chicago Blackhawks nach Kalifornien transferiert. Nach Ende seiner aktiven Laufbahn 1993 arbeitete er zunächst vier Jahre lang bei der Spielergewerkschaft NHLPA, ehe er ab 1997 als Direktor für die Entwicklung des Teams und Bindeglied zum Farmteam in Cleveland nach San Jose zurückkehrte.

Marco Sturms NHL-Verträge *

1997/1998	750.000
1998/1999	780.000
1999/2000	680.000
2000/2001	1.100.000
2001/2002	1.100.000
2002/2003	1.100.000
2003/2004	2.000.000

* Jahresgehalt, Angaben in US-Dollar

Deren Plan: Junge Spieler wie Alyn McCauley, Jonathan Cheechoo, Rob Davison, Wayne Primeau, Jim Fahey und Kyle McLaren, die bislang hinter den Stars in der zweiten Reihe standen, sowie die neu gekommenen Scott Parker (aus Colorado) und Nils Ekman (New York Rangers) sollten in die Verantwortung gezogen werden. Ein riskantes Unterfangen. Entsprechend zurückhaltend reagierten die Sharks-Fans beim Kauf von Dauerkarten: Nach der verkorksten Vorsaison konnte der Klub nur noch 11 500 statt 14 000 Billetts absetzen – ein Rückgang um 18 Prozent. Und entsprechend verhalten lautete Marco Sturms Saisonprognose: »Das wird ein schweres Jahr werden. Allein durch den Abgang von Selanne fehlen uns knapp 30 Tore. Aber nun müssen halt die anderen Spieler, auch ich, eine bessere Saison spielen. Unser Ziel ist nach wie vor das Play off.«

Marco Sturm begann seine Saisonvorbereitung beim neuen Klub seines Schwagers Christian Künast, den Hamburg Freezers. Nach Millionenverlusten mit den München Barons hatte der amerikanische Investor Philip F. Anschutz gegen den Widerstand anderer Klubs das Team im Vorjahr einfach nach Hamburg verpflanzt. Künast, der einen noch laufenden Vertrag bei den Barons hatte, war ebenfalls mit von der Isar an die Elbe gezogen. Mit Dave King traf Marco Sturm in Hamburg einen ganz »alten Hasen« der Trainergilde: Der inzwischen 56-Jährige war bei den Montreal Canadiens, Calgary Flames und zuletzt Columbus Blue Jackets Jahre lang Trainer in der NHL und von 1983 bis 1992 Nationaltrainer Kanadas. In Hamburg und der DEL suchte er eine neue sportliche Herausforderung.

Mit Beginn der neuen Saison wagten auch die beiden Ex-Mannheimer Marcel Goc und Dimitri Pätzold sowie der Krefelder Christian Ehrhoff, die sich im Vorjahr bereits im Trainingscamp probiert hatten, den endgültigen Wechsel nach Übersee. Die Sharks hatten beim Draft zudem die Rechte am Rosenheimer Patrick Ehelechner erworben, der allerdings zunächst in der Juniorenliga OHL bei den Sudbury Wolves weitere Erfahrung sammeln sollte. Auch Pätzold wurde nach nur einer Woche ins Farmteam nach Cleveland (AHL) weitergereicht. Für Ehrhoff und Goc diente Marco Sturm in den ersten Tagen in deren neuer Heimat als Integrationsfigur, wie erfahrene Profis dies in seiner ersten NHL-Saison sechs Jahre zuvor für ihn waren: »Da meine Frau Astrid immer erst Ende Oktober in die USA übersiedelt, hatte ich natürlich viel Zeit für sie und habe versucht zu helfen, wo es geht. Wir sind nach dem Training miteinander essen gegangen, oder ich habe ihnen die besten Shopping Malls der Umgebung gezeigt.«

Starke Form nach zähem Start

Die immer stärker werdende deutsche Kolonie in der NHL, allen voran in San Jose, kommentierte er mit den Worten: »Seitdem ich hier spiele, beobachten unsere Scouts den deutschen Markt sorgfältiger. Und durch die Erfolge des Nationalteams in den vergangenen Jahren bei Weltmeisterschaften und Olympischen Spielen haben die deutschen Spieler natürlich enorm an Wertschätzung und Marktwert gewonnen.« In die Transfers eingebunden sei er aber nicht: »Da finden vorher überhaupt keine Gespräche statt. Ich selbst weiß bis zum Draft nie, was San Jose machen wird.« Für Ehrhoff und Goc sah er durchaus gute Chancen, sich einen Platz im Kader der Sharks zu erobern. »Wir haben erfahrene Spieler abgegeben und sind im Umbruch. Die Möglichkeit, sich durchzusetzen, war noch nie so groß wie in diesem Jahr.«

Sein eigenes Standing war nach den Abgängen von Nolan und Selanne natürlich gestiegen: »Erfahrene Leute wie Ricci oder Damphousse führen das Team«, sagte der mittlerweile 25-Jährige. »Aber gleich dahinter komme dann unter anderem auch schon ich. Für ein ›A‹ auf dem Trikot ist es vielleicht noch zu früh, aber ich spiele mehr als einige ältere Spieler im Team. Man erwartet einiges von mir, ich soll noch mehr Verantwortung übernehmen und die jungen Spieler mitzureißen.« Goc wurde in der letzten Woche des Trainingscamps wie schon zuvor Pätzold nach Cleveland abgegeben. Ehrhoff allerdings, in der Vorsaison Meister mit den Krefeld Pinguinen und einer der herausragenden deutschen Verteidiger in der DEL, konnte Trainer Ron Wilson von seinen Fähigkeiten überzeugen und stand zum ersten Saisonspiel bei den Edmonton Oilers tatsächlich im Aufgebot der Sharks. Zwar konnte der Blondschopf die 2:5-Niederlage bei den Kanadiern nicht verhindern, bot jedoch eine zufriedenstellende Leistung: Ehrhoff stand bei beiden Treffern der Kalifornier auf dem Eis.

Bereits mit 25 Jahren zählt Marco Sturm zu den Routiniers der Sharks

Der Saisonstart verlief zäh für die Sharks. In den ersten zehn Spielen gelang lediglich ein Sieg, das Team belegte in der Tabelle der gesamten Western Conference den letzten Platz. In den ersten drei Heimspielen schoss das Team lediglich einen Tor: Marco Sturm beim 1:4 gegen die Calgary Flames. Befürchtungen, die neue Saison würde ähnlich schlecht verlaufen wie die vergangene, kamen auf. Auch die Fans, die in den zurückliegenden fünf Jahren fast immer für eine ausverkaufte Halle gesorgt hatten, waren mit ihrer Geduld am Ende: Bei der 0:2-Heimpleite am sechsten Spieltag gegen die bis dahin punktlosen Anaheim Mighty Ducks kamen nur 14 362 Zuschauer in den HP Pavilion – nur zweimal waren es seit dem Umzug der Sharks vom Cow Palace in San Francisco in die neue Halle anno 1993 weniger gewesen.

Trainer Ron Wilson geriet unter Erfolgsdruck und wollte sich in erster Linie mit Hilfe erfahrener Spieler aus der misslichen Lage befreien. Unter anderem wurde Christian Ehrhoff, mit 21 Jahren jüngster Verteidiger im Team, ins Farmteam nach Cleveland abgeschoben. Der Ex-Krefelder pendelte fortan zwischen Cleveland und San Jose hin und her. Am Saisonende standen für ihn 41 Einsätze (ein Tor, elf Assists) für die Sharks und deren 36 (sechs Tore, 16 Assists) für die Barons zu Buche. Das Play off verbrachte er in Cleveland.

Bei Wahl zum »Spieler des Monats« auf Platz zwei

Die Wende zum Guten kam ausgerechnet bei einer schweren Auswärtsreise an die Ostküste: Innerhalb von zwölf Tagen mussten die Kalifornier sieben Spiele gegen die Carolina Hurricanes, Tampa Bay Lightning, Florida Panthers, New Jersey Devils, Boston Bruins und Washington Capitals bestreiten. Die Partie in Raleigh-Durham gegen die Hurricanes ging 0:3 verloren, in Tampa holten sie mit einem 2:2 nach Verlängerung immerhin einen Punkt. Nach der Partie versammelte sich die Mannschaft in der Kabine zu einer Krisensitzung ohne den Trainerstab. »Wir haben alle Defizite und Fehler offen angesprochen«, sagt Marco Sturm. »Und von diesem Zeitpunkt an ging es komischerweise bergauf.« Zwei Tage später gewannen die Sharks in Sunrise gegen die Florida Panthers 6:2, auch in Atlanta (2:2), New Jersey (3:2), Boston (5:5) und Washington (3:2) wurde gepunktet – eine derartige Bilanz hatte San Jose zuletzt in der Spielzeit 1999/2000 erzielt.

Begehrte Unterschrift: Marco Sturm im Fanshop der Sharks

Allmählich fand die Mannschaft besser zu ihrer Form. Von den insgesamt 14 Spielen im Monat November konnte lediglich in einem nicht gepunktet werden (3:4 gegen Colorado Avalanche). »Wir haben eigentlich die ganze Zeit über nicht schlecht gespielt«, sagte Trainer Ron Wilson. »Nur manchmal ist es so, dass man gut spielt und am Ende nichts in Händen hält. Das war bei uns der Fall. Mittlerweile spielen wir gut und machen auch noch die Punkte.« Die Sharks rollten die Tabelle von hinten auf und eroberten nach 27 Spieltagen den zweiten Platz der Pacific Division hinter den Los Angeles Kings. Marco Sturm hatte am Aufschwung maßgeblichen Anteil: Zwischen 11. und 21. November markierte er in allen sieben Spielen der Sharks mindestens einen Scorerpunkt – eine derartige Serie hatte er nie zuvor in seiner Karriere geschafft. Gegen die St. Louis Blues erzielte er sogar zwei Powerplay-Tore innerhalb von nur zwanzig Sekunden – auch das persönliche Bestmarke. Bei der Wahl zum »Spieler der Woche« der NHL belegte er hinter dem Tschechen Martin Rucinsky von den New York Rangers Platz zwei.

500. Einsatz in der NHL

Weil der Deutsche in derart glänzender Form war, wurde er – erneut ein Novum – beim Heimspiel gegen die Toronto Maple Leafs nach einem Foul der Gäste von Trainer Wilson sogar zum Penaltyschützen ausgewählt. Torontos schwedischer Torhüter Mikael Tellqvist gewann jedoch das Eins-gegen-eins-Duell gegen den Deutschen: Tellqvist kam ungewöhnlich weit aus seinem Gehäuse; statt den Schlussmann auszuspielen, schoss Marco Sturm rechts am Gehäuse vorbei. Am 21. Dezember absolvierte Marco Sturm beim 2:1-Sieg in Anaheim seinen 500. Einsatz in der NHL. »Ich hatte das gar nicht mitgekriegt«, sagte er. »Erst als ich wieder nach Hause gekommen bin, hat mir meine Frau Astrid berichtet, dass sie im Fernsehen gesagt hätten, dass es mein 500. Spiel gewesen wäre.«

Acht Tage später, mit einem 5:2-Sieg über Nashville, lösten die Sharks die Los Angeles Kings als Spitzenreiter ihrer Gruppe ab. Marco Sturm über das Erfolgsgeheimnis: »Wir spielen in diesem Jahr als Mannschaft – und das im wahrsten Sinne des Wortes. Wir sind nicht an ein paar Spieler gebunden, sondern alle vier Reihen können ein Spiel entscheiden. Und hinten hält unser Torhüter Nabokov überragend.« Am 13. Januar setzte es im HP Pavilion gegen die Dallas Stars allerdings einen herben Rückschlag. Als wäre die 0:3-Niederlage nicht schon genug gewesen, verletzte sich Marco Sturm kurz vor Spielende. »Drei Minuten vor Schluss habe ich versucht, einen Gegner zu checken, und irgendwie ist dabei etwas kaputtgegangen«, schildert er den Zusammenprall, bei dem er sich, trotz Schutzausrüstung, Blutergüsse an Brust und Schlüsselbein zuzog. Die Schmerzen waren zu viel (»Es tat schon weh, doch so richtig schlimm wurde es am nächsten Morgen«), zwei Spiele musste der Dingolfinger pausieren. Die Sharks gewannen aber auch ohne den Deutschen: 3:1 zu Hause gegen Vancouver, 2:1 in Colorado. Beim 2:1-Heimsieg gegen die Detroit Red Wings feierte er sein Comeback, doch das folgende Spiel in Phoenix – die Sharks gewannen 4:2 – fehlte er erneut wegen der Geburt seines Sohnes Mason Joseph: »Das war mir wichtiger. Ich wollte da unbedingt dabei sein.«

Das freudige Ereignis gab dem Deutschen weiteren Auftrieb. Im Februar wurde er zum »Spieler des Monats« der Sharks gewählt. In zwölf Spielen hatte Marco Sturm sieben Tore und genauso viele Assists erzielt, darunter den 2:1-Siegtreffer nach 4:43 Minuten der Verlängerung beim Auswärtsspiel in Columbus. Wie schon im November trug er sich sieben Spiele in Folge in die Scorerliste ein und war mit nunmehr 20 Toren und 20 Assists zweitbester Spieler der Sharks nach Patrick Marleau, sechs Mal schon erzielte er das sogenannte Game Winning Goal, womit er den ersten Platz in der Klubgeschichte übernahm. In der Plus-Minus-Statistik hatte er diese Position mit einem Wert von + 51 schon längere Zeit inne. Obwohl 1996 nur an Position 21 gezogen, war er von allen Spielern aus diesem Draft-Jahrgang mit 128 Toren und 144 Assists in 568 NHL-Spielen der erfolgreichste. Vor dem Heimspiel gegen die Mon-

San Jose Sharks Saison 2003/04

Position	Name	Spiele	Tore	Assists	Punkte	Strafminuten
S	Patrick Marleau	97	36	33	69	30
S	Nils Ekman	98	22	36	58	42
S	Jonathan Cheechoo	98	32	25	57	43
S	Alyn McCauley	93	22	28	50	30
S	Marco Sturm	64	21	20	41	36
S	Vincent Damphousse	99	19	36	55	86
V	Brad Stuart	94	10	35	45	47
S	Alexander Korolyuk	80	24	20	44	28
S	Wayne Primeau	89	10	22	32	94
S	Scott Thornton	92	15	16	31	106
S	Mike Ricci	88	9	22	31	44
S	Curtis Brown	29	2	4	6	24
S	Niko Dimitrakos	83	10	23	33	57
V	Kyle McLaren	80	2	25	27	70
V	Scott Hannan	99	7	20	27	70
V	Tom Preissing	80	2	18	20	12
V	Mike Rathje	97	3	22	25	59
V	Christian Ehrhoff	41	1	11	12	14
V	Todd Harvey	63	5	7	12	40
V	Jason Marshall	29	0	3	3	33
S	Mark Smith	46	2	3	5	83
S	Scott Parker	50	1	3	4	101
V	Rob Davison	60	0	5	5	96
S	Marcel Goc	5	1	1	2	0
V	Jim Fahey	17	0	2	2	18
S	Milan Michalek	2	1	0	1	4
TW	Vesa Toskala	28	0	1	1	2
S	Brad Boyes	1	0	0	0	2
S	Miroslav Zalesak	2	0	0	0	0
S	Lynn Loyns	2	0	0	0	0
S	Pat Rissmiller	4	0	0	0	0
TW	Evgeny Nabokov	76	0	0	0	18
TW	Miikka Kiprusoff	1	0	0	0	0

Trainer: Ron Wilson

treal Canadiens (4:3) wurde ihm zum dritten Mal nach November 1997 und Oktober 1998 die »Seagate Technology Trophy« verliehen.

Wadenbeinbruch in Denver

Ausgerechnet auf dem Höhepunkt seiner Karriere folgte jedoch der tiefe Sturz. Nur zwei Tage nach der Auszeichnung waren die Sharks zu Gast im Pepsi Center in Denver. Die 1:5-Niederlage rückte in den Hintergrund. In der 12. Spielminute verlor Marco Sturm bei einem Laufduell mit Colorados Adam Foote um die Scheibe hinter dem eigenen Tor die Balance und rauschte in Höchstgeschwindigkeit, mit den Füßen voraus, in die Bande. Minutenlang wurde er auf dem Eis liegend behandelt und schließlich mit einer Bahre heruntergefahren. Mit Blaulicht wurde er ins nächstgelegen Hospital eingeliefert, wo er die Nacht verbrachte. »Ich wusste in dem Moment, als ich gegen die Bande gekracht bin, sofort, dass etwas Schlimmeres passiert ist«, schilderte er die Szene, die in sämtlichen Nachrichtensendungen des Fernsehsenders FOX über den Bildschirm flimmerte.

Der im Krankenhaus diagnostizierte Beinbruch wurde von den Sharks-Verantwortlichen zunächst aus taktischen Gründen im Hinblick auf die unmittelbar bevorstehende Trading-Deadline dementiert. »Das gute ist, dass nichts gebrochen ist«, verkündete Trainer Ron Wilson offiziell. Hintergrund: Der Klub wollte sich bei möglichen Personalwechseln von der Konkurrenz nicht unter Druck setzen lassen. »Wenn die Konkurrenz wüsste, wie schwer ich genau verletzt bin, würden sie ihre abzugebenden Spieler logischerweise teurer verkaufen«, erläuterte Marco Sturm die Geheimniskrämerei. Unfallverursacher Foote wollte er keinen Vorwurf machen: »Er ist zwar etwas mit dem Schläger raus, aber ihn trifft keine Schuld. Er hat noch am gleichen Abend bei mir im Krankenhaus angerufen und sich entschuldigt.« Mit einem Privatjet wurde der Deutsche am folgenden Tag nach San Jose zurück transportiert und dort zwei Tage später operiert.

»Es ist ein Wadenbeinbruch, ein kleiner Abbruch am Sprunggelenk und eine Dislokation des Knöchels. Die Bänder sind, Gott sei dank, noch ganz, aber ziemlich über-

Abschluss-Tabelle Western Conference

1. Detroit Red Wings
2. San Jose Sharks
3. Vancouver Canucks
4. Colorado Avalanche
5. Dallas Stars
6. Calgary Flames
7. St. Louis Blues
8. Nashville Predators
9. Edmonton Oilers
10. Minnesota Wild
11. Los Angeles Kings
12. Anaheim Mighty Ducks
13. Phoenix Coyotes
14. Columbus Blue Jackets
15. Chicago Blackhawks

Play-off-Achtelfinale
San Jose Sharks – St. Louis Blues 4:1

Play-off-Viertelfinale
San Jose Sharks – Colorado Avalanche 4:2

Play-off-Halbfinale
San Jose Sharks – Calgary Flames 2:4

dehnt«, berichtete Marco Sturm nach der Rückkehr aus dem Hospital in die heimische Villa. »Eines steht fest: Die Saison ist für mich beendet.« Die restliche Saison der Sharks erlebte er fortan als Zuschauer. Eine ungewöhnliche Rolle für den Niederbayern, der bislang von schweren Verletzungen verschont geblieben war. In den vergangenen dreieinhalb Jahren fehlte er gerade einmal neun Spiele, zwei davon Anfang des Jahres wegen einer Brustverletzung, ein weiteres wegen der Geburt seines Sohnes. »Es ist natürlich bitter, nicht eingreifen zu können. Am Anfang wäre ich fast verzweifelt. Das Positive an der ganzen Sache ist jedoch, dass ich jetzt viel Zeit mit meinem Sohn verbringen und die kalifornische Sonne genießen kann«, übte sich Marco Sturm in Sarkasmus.

Der Schock bei den Mannschaftskollegen saß zunächst tief. Die ersten beiden Spiele ohne den zweitbesten Scorer gingen verloren. Trotzdem gelang es den Sharks, Platz eins in der Pacific Division zu behaupten. Insgesamt zehn Siege, zwei Unentschieden und drei Niederlagen fuhren sie in den verbleibenden 15 Saisonspielen ohne Marco Sturm ein und gingen als Zweiter der Western Conference in das Play off um den Stanley Cup. Die verbliebenen Spiele der regulären Saison verfolgte Marco Sturm im Krankenbett oder zuhause am TV-Schirm. Zwei Wochen nach der Operation begann er mit den Reha-Maßnahmen. Fünf Stunden täglich arbeitete er mit den Ärzten und Physiotherapeuten der Sharks: »Meine Beine und meine Schnelligkeit sind schließlich mein wichtigster Faktor.« Das Turnier um den World Cup mit der deutschen Nationalmannschaft im Spätsommer gab er als Ziel für sein Comeback aus.

Überraschendes Debüt von Goc

Für das Play off kündigte er an, seine Mannschaftskameraden bei allen Spielen, auch auswärts, von der Tribüne aus zu unterstützen. In Runde eins des Play off wartete bereits zum dritten Mal innerhalb der vergangenen vier Jahre der alte Dauerrivale aus St. Louis auf die Sharks. »Unsere Mannschaft ist gut drauf, ich traue ihr einiges zu«, gab sich Tribünengast Marco Sturm optimistisch. Ein anderer Deutscher sollte später im Play off in seine Fußstapfen treten.

Im ersten Spiel avancierte zunächst Niko Dimitrakos zum Helden des Abends, der in der Verlängerung den 1:0-Siegtreffer erzielte. Beim 3:1 zwei Tage später gelang Patrick Marleau ein lupenreiner Hattrick mit drei Treffern. Die erste Partie in St. Louis konnten die Blues zwar mit 4:1 für sich entscheiden, doch nur zwei Tage später revanchierten sich die Sharks mit 4:3. Mit einem Bein standen die Kalifornier damit im Viertelfinale, es fehlte nur noch ein Sieg.

Zu Spiel fünf in San Jose überraschte Trainer Ron Wilson mit einer Personalie. Nach dem verletzungsbedingten Ausfall von Scott Thornton forderte er vom Farmteam aus Cleveland den jungen Deutschen Marcel Goc an. Der 20-Jährige war mit 16 Toren und 21 Assists in 78 Spielen gerade einmal achtbester Scorer der Barons

Die bisher gedrafteten Deutschen

Bislang 37 deutsche Profis wurden seit 1978 von verschiedenen NHL-Klubs gedraftet. Aber nur 15 von ihnen kamen später auch in der nordamerikanischen Profiliga zum Einsatz. Udo Kießling, Karl Friesen und Jan Benda spielten kurzzeitig in der NHL, ohne den Draft durchlaufen zu haben (Stand: August 2004).

Jahr	Name	Pos.	Verein in D.	gedraftet von	Draft-Nr.	NHL-Spiele
1978	Bernhard Englbrecht	TW	Landshut	Atlanta Flames	196	0
	Gerd Truntschka	S	Landshut	St. Louis Blues	200	0
1981	Dieter Hegen	S	Kaufbeuren	Montreal Canadiens	46	0
	Ulrich Hiemer	V	Füssen	Colorado Rockies	48	143
1983	Uwe Krupp	V	Köln	Buffalo Sabres	223	810
1984	Miroslav Maly	V	Bayreuth	Minnesota North Stars	76	0
	Jiri Poner	S	Landshut	Minnesota North Stars	89	0
1985	Peter Romberg	V	Iserlohn	Calgary Flames	206	0
1987	Mikos Vanik	S	Freiburg	Washington Capitals	225	0
1988	Andreas Lupzig	S	Landshut	Chicago Blackhawks	239	0
	Michael Pohl	S	Rosenheim	Buffalo Sabres	244	0
1989	Olaf Kölzig	TW	-	Washington Capitals	19	589
1991	Torsten Kienass	V	Dynamo Berlin	Boston Bruis	260	0
1992	Martin Reichel	S	Freiburg	Edmonton Oilers	37	0
	Stefan Ustorf	S	Kaufbeuren	Washington Capitals	53	59
1993	Patrik Pysz	S	Augsburg	Chicago Blackhawks	102	0
	Marc Seliger	TW	Rosenheim	Washington Capitals	251	0
1994	Sven Butenschön	V	-	Pittsburgh Penguins	57	136
	Frank Appel	V	Düsseldorf	Calgary Flames	123	0
1995	Jochen Hecht	S	Mannheim	St. Louis Blues	49	360
1996	Marco Sturm	S	Landshut	San Jose Sharks	21	568
	Kai Fischer	TW	Düsseldorf	Colorado Avalanche	160	0
	Erich Goldmann	V	Mannheim	Ottawa Senators	212	1
1997	Robert Francz	S	-	Phoenix Coyotes	151	0
	Sascha Goc	V	Schwenningen	New Jersey Devils	159	22
2001	MarcelGoc	S	Schwenningen	San Jose Sharks	20	5
	Christian Ehrhoff	V	Krefeld	San Jose Sharks	106	41
	Dimitri Pätzold	TW	Köln	San Jose Sharks	107	0
	Christoph Schubert	V	München	Ottawa Senators	127	0
	Stefan Schauer	V	Riessersee	Ottawa Senators	162	0
	Dennis Seidenberg	V	Mannheim	Philadelphia Flyers	172	66
	Robert Müller	TW	Mannheim	Washington Capitals	275	0
2003	Alexander Sulzer	V	Kaufbeuren	Nashville Predators	92	0
	Patrick Ehelechner	TW	Hannover	San Jose Sharks	193	0
	Kai Hospelt	S	Köln	San Jose Sharks	216	0
	Eduard Lewandowski	S	Köln	Phoenix Coyotes	242	0
2004	Thomas Greiss	TW	Köln	San Jose Sharks	94	0

und hatte bis dato jedoch noch kein einziges NHL-Spiel bestritten. »Marcel hat einige Zeit gebraucht, sich in Cleveland einzuleben«, erklärte Marco Sturm. »Zum Saisonende wurde er jedoch immer besser und das war wohl der entscheidende Grund für den Trainer, ihn auszuwählen.« Prompt bereitete Goc in seinem NHL-Debüt in der 30. Spielminute mit einem feinen Pass das »Game Winning Goal« zum 2:1 durch Mark Smith vor, die Sharks gewannen die Partie 3:1 und die Serie souverän mit 4:1 Siegen.

Nach der Partie wurden Marco Sturm und die Sharks Augenzeuge eines ungewöhnlichen Vorgangs. Gäste-Stürmer Mike Danton wurde von der Polizei noch in der Kabine verhaftet und in Handschellen aus der Halle geführt. Die Beamten hatten mit ihrer Aktion bewusst gewartet, bis die Blues aus dem Wettbewerb ausgeschieden waren, um den sportlichen Wettbewerb nicht zu verfälschen. Hintergrund: Nach Angaben von Staatsanwalt Randy Massey hatte Danton in den vergangenen sechs Monaten drei Versuche unternommen, einen Killer für einen Auftragsmord anzuheuern. Zielperson: Sein Agent David Frost. Dantons Vater Stephen Jefferson bezeichnete Frost als »Manipulierer« und »Monster«, der gezielt versucht habe, seinen Sohn von der Familie zu entfremden. Unter anderem habe der 23-Jährige seinen Namen von Jefferson in Danton geändert. Dem Profi drohen bis zu zehn Jahre Haft.

In Runde zwei warteten die Colorado Avalanche, gegen die die Sharks sowohl 1999 als auch 2002 im Play off unterlagen. Die Mannschaft war gut drauf, ließ dem ehemaligen Stanley Cup-Gewinner in den beiden ersten Heimspielen mit 5:2 und 4:1 keine Chance. Patrick Marleau beeindruckte dabei als vierfacher Torschütze. In Denver mauerte man sich im dritten Spiel zu einem 1:0 – Vincent Damphousse erzielte elf Minuten vor Schluss das einzige Tor des Abends. Auch Spiel vier verlief äußerst torarm – erst in der Verlängerung fiel die Entscheidung zu Gunsten Colorados, Joe Sakic markierte das 1:0.

Der Stürmerstar der Avalanche wurde auch in Spiel fünf im HP Pavilion zum Schreckgespenst der Sharks-Verteidigung, als er zunächst die 1:0-Führung der Gastgeber durch Vincent Damphousse egalisierte und in der zweiten Minute der Verlängerung den 2:1-Siegtreffer erzielte. Der Wendepunkt in der Serie? Die Avalanche besaß schließlich die erfahrenere und nominell besser besetzte Mannschaft, gespickt mit Superstars wie Sakic, Peter Forsberg, Milan Hejduk, Paul Kariya oder Ex-Shark Teemu Selanne. Erwartungsfroh pilgerten 18 000 Besucher zu Spiel sechs ins Pepsi Center. Und wurden bitter enttäuscht. Die Sharks präsentierten sich ungewöhnlich nervenstark, Vincent Damphousse sorgte in der 22. Minute für die 1:0-Führung, der Marcel Goc sieben Minuten später mit seinem ersten NHL-Tor das 2:0 folgen ließ – mit einem Schuss aus der Nahdistanz bezwang er den Schweizer Nationaltorhüter David Aebischer im Kasten der Avalanche. Es war zugleich das »Game Winning Goal« in der mit 3:1 gewonnenen Partie. »Marcel hat nicht viel gespielt«, sagte Tribünengast Marco Sturm. »Aber wenn er auf dem Eis war, dann war das sehr überzeugend. Er hat damit jedenfalls gute Werbung in eigener Sache betrieben und seine Chance deutlich verbessert, in der nächsten Saison fest zum Kader zu gehören.«

Erstmals im NHL-Halbfinale

Im Halbfinale gegen das Überraschungsteam der Calgary Flames war für die Kalifornier allerdings Endstation. Die Serie verlief ungewöhnlich. Zunächst verloren die Sharks beide Heimspiele (3:4 nach Verlängerung, 1:4), ließen allerdings zwei Auswärtssiege im Saddledome zu Calgary folgen (3:0, 4:2). Wiederum in San Jose gelang den Flames ein 3:0 – es war die Vorentscheidung und zugleich das letzte Heimspiel der Sharks in dieser Saison. »Nach den beiden überragenden Leistungen in Calgary haben wir uns wohl zu sicher gefühlt und gedacht, da könne nichts mehr anbrennen «, kritisierte Marco Sturm. »Und prompt haben wir vor eigenem Publikum unser schlechtestes Spiel seit Monaten hingelegt.«

Auf Erfolgskurs: Die Sharks übernehmen zum Jahreswechsel 2003/04 die Tabellenspitze der Pacific Division

Damphousse, Marleau, Ricci & Co. hatten nichts mehr zuzusetzen. Mit einem 3:1 vor eigenem Publikum, dem einzigen Heimsieg dieser Halbfinalserie, machten die Kanadier die Finalteilnahme gegen die Tampa Bay Lightning perfekt. Eine besondere Genugtuung war der Sieg für den anderthalb Jahre zuvor bei den Sharks entlassenen Flames-Trainer Darryl Sutter. »Er war heiß auf die Serie«, so Tribünengast Marco Sturm, den das Ausscheiden sichtlich wurmte: »So nah dran wie diesmal waren wir noch nie. Wir waren die bessere Mannschaft, Calgary aber war cleverer und hat die Tore gemacht, wenn es darauf ankam.« Den Stanley Cup konnten die Flames allerdings nicht gewinnen: In der sieben Spiele umfassenden Finalserie zogen sie knapp und unglücklich gegen die Tampa Bay Lightning den Kürzeren.

Erst nach ein paar Tagen legte sich bei Marco Sturm die Enttäuschung: »Insgesamt können wir aber absolut zufrieden sein. Wer hätte vor der Saison denn ernsthaft daran geglaubt, dass wir so weit kommen würden? Stars sind weggegangen, es wurde eine junge Mannschaft aufgebaut. Aber die jungen Spieler sind besser geworden und die Neuen haben gut eingeschlagen.« Vor allem der von den New York Rangers gekommene Schwede Nils Ekman – der 28-Jährige war in den Jahren zuvor nur sporadisch in der NHL zum Einsatz gekommen – erwies sich als wahrer Glücksgriff und avancierte hinter Patrick Marleau auf Anhieb zum zweitbesten Scorer der Sharks. Auf den Plätzen drei und vier rangierten mit Jonathan Cheechoo (24) und Alyn McCauley (27) ebenfalls Spieler, der vor Saisonbeginn niemand dort erwartet hätte. Marco Sturm schloss die Saison mit 21 Toren und 20 Assists als fünftbester Scorer der Sharks ab, obwohl er wegen der beiden Verletzungen bis zu 35 Spiele weniger absolvierte als seine Kollegen.

»Grünes Licht« für World Cup

Anfang Mai, nur zwei Monate nach seinem Wadenbeinbruch, wagte er sich zu einem leichten Lauftraining erstmals wieder aufs dem Eis. Dennoch entwickelte sich die erhoffte Teilnahme am World Cup im Spätsommer zu einem Wettlauf gegen die Zeit. Erst Mitte Juni gab Nationalmannschafts-Arzt Andreas Gröger, in dessen Privatklinik »City Med« Marco Sturm für sein Comeback arbeitete, »grünes Licht«. Grögers Bulletin: »Marcos Verletzung war sehr kompliziert und niemand konnte genau vorhersagen, wie lange der Heilungsprozess dauert. Aber wir liegen gut in der Zeit, sind ihr sogar ein kleines Stück voraus, weil wir auf die angedachte Herausnahme der im Wadenbein implantierten Platte und Schraube vorerst verzichten. Marco hat noch Defizite im koordinativen Bereich, vor allem bei schnellen Richtungsänderungen. Aber er wird beim World Cup spielen können.«

Gastspiel in der Heimat

Saison 2004/2005: Während des Lock outs nach Ingolstadt

Die Fronten waren verhärtet: Am Mittwoch, 4. August 2004, endete in Toronto eine weitere, vierstündige Verhandlungsrunde zwischen Liga und NHL-Klubs auf der einen sowie der Spielergewerkschaft NHLPA auf der anderen Seite ergebnislos. Die mächtige Interessensvertretung, der 700 Profis angehören, lehnte Vorschläge wie eine Gehaltsobergrenze (Salary Cap) oder Wirtschaftlichkeitsklauseln weiterhin strikt ab. Allein in der Saison 2002/2003 hatten die Klubs ein Defizit in Höhe von 300 Millionen US-Dollar geschrieben, mit den Ottawa Senators und Buffalo Sabres mussten zwei Teams sogar Insolvenz anmelden. Verantwortlich für die wirtschaftliche Schieflage machten die Klubbesitzer die hohen Spielergehälter, deren Durchschnittswert sich innerhalb der vergangenen zehn Jahre auf 1,8 Millionen US-Dollar verdreifachte, und die mittlerweile über 75 Prozent der Klubetats ausmachen.

Auch in der Lederhose macht Marco Sturm eine gute Figur

Seit Monaten diskutierten beide Parteien über die Fortsetzung des zum 15. September auslaufenden Gehaltstarifvertrages – waren in ihren Standpunkten jedoch noch immer so weit voneinander entfernt wie zu Beginn. Die Bekanntgabe eines Lock outs, einer Aussperrung der Profis durch die Klubbesitzer, war Anfang August nur noch eine Frage der Zeit. »Man muss fast befürchten, dass die gesamte Saison ausfällt«, sagte Marco Sturm, der in seinem Haus in Landshut gespannt die Entwicklungen in Übersee folgte. Schon einmal, im Herbst 1994, hatte es einen Lock out gegeben. Dieser dauerte damals 103 Tage, die Saison begann erst im Januar 1995 und die Spielplan musste von 82 auf 48 Begegnungen pro Team reduziert werden. Die Stars der Liga nutzen die Pause zu einem Kurz-Gastspiel in Europa.

Zusage für Ingolstadt

Auch Marco Sturm sah sich gemeinsam mit seinem Vater Johann nach einem Verein wo, er die Zeit des Arbeitskampfes überbrücken könne. Mit den Hamburg Freezers, Kölner Haien, Nürnberg Ice Tigers, dem ERC Ingolstadt und den Hannover Scorpions, dem neuen Arbeitgeber seines Schwagers Christian Künast, zeigten gleich fünf Klubs aus der DEL Interesse. Ebenso wie die Schweizer Erstligisten HC Davos, SC Bern und Servette Genf. Marco Sturm machte keinen Hehl daraus, gerne in dem als »Steuerparadies« bekannten Land der Eidgenossen zu spielen: »Auch sportlich wäre das sehr reizvoll.« Die Entscheidung des 25-Jährigen fiel letztendlich jedoch zu Gunsten des ERC Ingolstadt. Am späten Abend des 6. August gab er den Oberbayern seine Zusage, für die Dauer des Lock outs das Trikot mit dem Panther auf der Brust zu tragen.

»Zwei Faktoren«, so Marco Sturm, hätten den Ausschlag zu Gunsten des ERC gegeben. Zum einen der private: »Ich kann weiterhin in seinem Haus in Landshut wohnen bleiben und werde täglich die knapp 100 Kilometer zum Training nach Ingolstadt pendeln«, so der frisch gebackene Familienvater. Zum anderen habe sich Ingolstadt von allen Interessenten am intensivsten um ihn bemüht. Bereits im Dezember nahm Manager Stefan Wagner erstmals Kontakt auf. »Er hat mich in den vergangenen Tagen nahezu täglich angerufen. Und da habe ich mir gedacht: Ehe er mich weiter nervt, gebe ich ihm halt meine Zusage«, scherzte Marco Sturm. »Nein, im Ernst: Ich kenne Stefan Wagner noch aus gemeinsamen Tagen in Landshut. Er hat mir Ingolstadt wirklich schmackhaft gemacht. Und auch mein Kumpel Günter Oswald, der mittlerweile auch dort spielt, hat mir nur Gutes über den Verein berichtet.« Vier Tage nach seiner Zusage, am Dienstag, 10. August, nahm er, im Ingolstädter Trikot mit der Rückennummer 19, erstmals am Training seines neuen Arbeitgebers teil.

Erstes Training beim ERC Ingolstadt: Manager Stefan Wagner (rechts) begrüßt den prominenten Zugang

Im Nationalteam

Weltmeisterschaft 1997 in Finnland: Trotz Handverletzung durchgespielt

Dass Marco Sturm trotz der durchwachsenen Leistungen mit Landshut im DEL-Play-off in Finnland sein WM-Debüt feiern würde, daran bestand kein Zweifel. Bundestrainer George Kingston hatte im Vorjahr trotz des Erfolges beim World Cup Kritik wegen des Verzichts auf den heranwachsenden Star einstecken müssen und konnte gar nicht mehr an dem Landshuter vorbei. Beim Olympia-Qualifikationsturnier im Februar in Oberhausen hatte der 18-Jährige seine internationale Feuertaufe erfolgreich bestanden. »Ich kann nicht leugnen, dass ich vor dem ersten Spiel nervös bin«, sagte Marco Sturm vor seiner WM-Premiere gegen Titelverteidiger Tschechien in der neu erbauten Hartwall Arena zu Helsinki, seinerzeit die modernste Multifunktionshalle Europas. »In Finnland werden Scouts der Sharks auf der Tribüne sitzen und mich beobachten. Deshalb ist es wichtig, dass ich eine gute WM spiele.«

Für den 18-Jährigen verlief das Turnier jedoch unglücklich: Gleich im zweiten Spiel gegen Russland (1:5) bekam er einen Stockschlag auf die rechte Hand, die daraufhin dick anschwoll. Weil kein Bruch diagnostiziert wurde, stand der Youngster auch in den nächsten Turnierspielen auf dem Eis. Heute sagt er: »Ich hätte nie und nimmer weiterspielen dürfen. Ich konnte die Hand nicht mehr richtig bewegen und kaum noch schießen. Aber ich war überehrgeizig, wollte mich nach dem bitteren Erlebnis beim World Cup dem Trainer und der Öffentlichkeit beweisen.« Entsprechend gehandicapt blieb Marco Sturm mit nur einem Tor und einem Assist in acht Einsätzen unter seinen Möglichkeiten.

Sein ehemaliger Mitspieler und in Finnland als Kolumnist für Eishockey NEWS und Sport Bild tätige Udo Kießling, 14 Jahre zuvor selbst in einem Spiel für die Minnesota North Stars auf dem Eis, empfahl ihm deshalb, mit dem Wechsel nach Übersee noch eine Saison zu warten: »Ein solch wichtiger Schritt wie der in die NHL muss wohl überlegt sein, er muss gut vorbereitet werden. Und da bin ich der Meinung, dass Marco und auch Jochen Hecht noch ein Jahr in Deutschland bleiben sollten. Sie sollten die kommende Saison noch als Lehrjahr betrachten, in dem sie sich noch besser auf die NHL vorbereiten können. Heuer wäre ein Wechsel mit einem zu großen Risiko verbunden. Läuferisch und in punkto Scheibenbehandlung könnten beide schon gut mithalten, aber sie sind körperlich noch nicht so kompakt, um in der NHL zu bestehen.« Marco Sturm ließ sich aber durch derartige Warnungen nicht von seinem Ziel abbringen. Er konterte: »Ich will unbedingt rüber. Es geht nicht nur um Erfahrung, es geht auch um das ganze Umfeld und natürlich auch um Geld.«

Weltmeisterschaft 1997 in Finnland

Deutschland

Pos.	Name	Verein	Spiele	Tore	Assists	Pkt.	Strafmin.
S	Peter Draisaitl	Köln	8	2	2	4	2
V	Mirko Lüdemann	Köln	8	2	1	3	8
V	Bradley Bergen	Düsseldorf	8	2	0	2	4
S	Jochen Hecht	Mannheim	8	2	0	2	6
S	Marco Sturm	Landshut	8	1	1	2	4
V	Daniel Nowak	Schwenningen	8	0	2	2	4
S	Andreas Lupzig	Köln	7	0	2	2	8
S	Jan Benda	Sp. Prag/CZE	8	0	2	2	18
S	Reemt Pyka	Krefeld	8	1	0	1	4
S	Jürgen Rumrich	Berlin C.	8	0	1	1	0
V	Markus Wieland	Landshut	8	0	1	1	2
S	Martin Reichel	Rosenheim	8	0	1	1	4
V	Torsten Kienass	Nürnberg	8	0	1	1	6
S	Leo Stefan	Düsseldorf	8	0	1	1	6
V	Daniel Kunce	Kaufbeuren	5	0	0	0	0
V	Erich Goldmann	Kaufbeuren	8	0	0	0	0
V	Jochen Molling	Berlin C.	8	0	0	0	4
S	Mark MacKay	Schwenningen	8	0	0	0	6
S	Dieter Hegen	Düsseldorf	8	0	0	0	6
S	Alexander Serikow	Mannheim	8	0	0	0	10
TW	Joseph Heiß	Köln	5	0	0	0	0
TW	Olaf Kölzig	Washington/NHL	4	0	0	0	0
TW	Marc Seliger	Portland/AHL	0	0	0	0	0

Trainer: George Kingston

Auch für die deutsche Mannschaft verlief das Turnier enttäuschend: Schon nach der Vorrunde berichtete die Deutsche Presse-Agentur von »Trauerspielen in Finnland«, der Tiefpunkt sollte jedoch erst in der Abstiegsrunde mit der 0:8-Pleite gegen Lettland folgen. Im Abschlussklassement belegte das DEB-Team den elften und vorletzten Rang – derart schlecht war es noch nie. Nur die Aufstockung des Teilnehmerfeldes von zwölf auf 16 Nationen rettete vor dem Abstieg in die B-Gruppe. Trotz dieser »kalten Dusche« ließ sich Marco Sturm aber nicht von seinen NHL-Ambitionen abbringen, zumal er in den Monaten zuvor körperlich gut zugelegt hatte und sich reif für den Wechsel nach Übersee fühlte: »Ich will unbedingt rüber. Es geht nicht nur um Erfahrung, es geht auch um das ganze Umfeld und natürlich auch um Geld.« Mit sechs Kilogramm antrainierter Muskelmasse und einem Gesamtgewicht von 87

Kilogramm (»Mehr geht beim besten Willen nicht. Sonst kann ich mich ja nicht mehr bewegen.«) rückte er Ende Juni zum zweiten Mal ins Rookie-Camp der Sharks ein.

Olympische Winterspiele 1998 in Nagano: Bei der Ankunft war schon alles vorbei

Wie wenig Gewicht und Interesse die NHL dem internationalen Eishockey-Geschehen beimisst, zeigten die Olympischen Winterspiele im Februar 1998 im japanischen Nagano. Die Verantwortlichen wollten es der Basketball-Profiliga NBA gleichtun, der die erstmalige Abstellung ihrer Profis, dem sogenannten Dream Team, bei

Olympische Winterspiele 1998 in Nagano

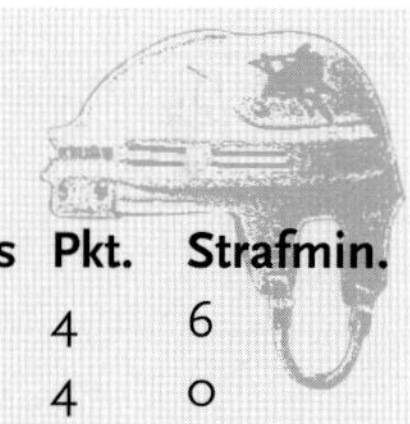

Deutschland

Pos.	Name	Verein	Spiele	Tore	Assists	Pkt.	Strafmin.
S	Mark MacKay	Schwenningen	4	1	3	4	6
S	Peter Draisaitl	Köln	4	2	2	4	0
S	Jan Benda	Portland/AHL	4	3	0	3	8
V	Mirko Lüdemann	Köln	4	1	1	2	0
V	Uwe Krupp	Colorado/NHL	2	0	2	2	4
V	Bradley Bergen	Düsseldorf	3	1	1	2	0
V	Markus Wieland	Landshut	4	0	2	2	6
V	Daniel Kunce	Nürnberg	3	1	0	1	2
S	Dieter Hegen	Düsseldorf	3	1	0	1	0
V	Erich Goldmann	Worcester/AHL	4	0	1	1	27
S	Jochen Hecht	Mannheim	4	1	0	1	6
V	Lars Brüggemann	Jacksonville/ECHL	4	0	1	1	0
S	Thomas Brandl	Düsseldorf	4	0	1	1	8
S	Marco Sturm	San Jose/NHL	2	0	0	0	0
S	Reemt Pyka	Krefeld	4	0	0	0	0
V	Jochen Molling	Berlin C.	4	0	0	0	4
S	Benoit Doucet	Düsseldorf	4	0	0	0	6
S	Stefan Ustorf	Berlin C.	4	0	0	0	0
S	Jürgen Rumrich	Berlin C.	4	0	0	0	0
S	Andreas Lupzig	Köln	4	0	0	0	4
TW	Olaf Kölzig	Washington/NHL	2	0	0	0	0
TW	Joseph Heiß	Köln	1	0	0	0	0
TW	Klaus Merk	Berlin C.	1	0	0	0	0

Trainer: George Kingston

Mit 19 bei Olympia: in Nagano 1998

Olympia sechs Jahre zuvor in Barcelona weltweit einen ungemeinen Popularitätsaufschwung brachte. »Wir wollen uns international endlich besser verkaufen«, gab NHL-Boss Gerry Bettman als Zielsetzung vor. Allerdings war die Liga nicht bereit, ihren Spielbetrieb für Olympia länger als 16 Tage zu unterbrechen. Und so fällte man gemeinsam mit dem veranstaltenden Weltverband IIHF einen faulen Kompromiss: Die Teams mit den meisten NHL-Profis in ihren Reihen, Kanada, USA, Russland, Tschechien, Schweden und Finnland, wurden direkt für die Medaillenrunde gesetzt. Alle anderen Nationen mussten, parallel zur NHL-Saison, in einer Vorrunde zwei weitere Teilnehmer an der Medaillenrunde ausspielen – egal, ob auch sie NHL-Profis in ihren Reihen hatten oder nicht. Eine Freigabe seitens der Klubs würde es für die Vorrunde jedenfalls nicht geben.

Für Bundestrainer George Kingston bedeutete dies: In den beiden ersten Vorrundenspielen gegen Japan und Weißrussland musste er auf seine NHL-Legionäre Olaf Kölzig, Uwe Krupp und Marco Sturm verzichten, weil diese zeitgleich mit ihren Klubs im Einsatz waren. Im ersten Spiel mühte sich das Nationalteam zu einem 3:1-Arbeitssieg gegen den hochmotivierten Gastgeber Japan. Marco Sturm spielte mit seinen Sharks in Vancouver und setzte sich sofort nach der 3:6-Niederlage gegen die Canucks in die Maschine Richtung Japan, um die deutsche Auswahl wenigstens im abschließenden Gruppenspiel gegen Frankreich verstärken zu können.

Abschluss-Ranking

1. Tschechien
2. Russland
3. Finnland
4. Kanada
5. Schweden
6. USA
7. Weißrussland
8. Kasachstan
9. Deutschland
10. Slowakei
11. Frankreich
12. Italien
13. Japan
14. Österreich

Bei der Ankunft auf dem Flughafen von Tokio folgte die böse Überraschung. Wie schon bei der vorangegangenen Weltmeisterschaft in Finnland hatte die deutsche Mannschaft die Veränderungen im Welt-Eishockey durch die politischen Veränderungen in Osteuropa zu spüren bekommen und ihr zweites Turnierspiel gegen Weißrussland deutlich mit 2:8 verloren. Die Medaillenrunde und die erhofften Prestigeduelle gegen die mit sämtlichen NHL-Stars besetzten Mannschaften aus Kanada, Schweden und den USA waren damit passe. »Als ich von meinem Chauffeur, der mich ins Olympische Dorf bringen sollte, am Flughafen das Ergebnis erfahren habe, war ich geschockt – das hätte ich nie und nimmer gedacht«, erinnert sich Marco Sturm. Die Weißrussen hatten sich cleverer angestellt als der deutsche Verband. Ihr einziger NHL-Legionär, Verteidiger Ruslan Salei von den Anaheim Mighty Ducks, hatte im vorletzten Spiel seines Klubs vor der Olympia-Pause bewusst eine Strafe provoziert und wurde von der NHL gesperrt. Nationaltrainer Anatoli Varivonchik konnte somit im wichtigen Spiel gegen Deutschland auf seinen Leistungsträger zurückgreifen; und Salei avancierte zum besten Spieler auf dem Eis.

Viel Spaß im Olympischen Dorf: Marco Sturm mit Mannschaftskollege Markus Wieland in der Spielhalle

Am Ende achtbar geschlagen

Auch wenn das große Ziel nicht mehr zu erreichen war: Die deutsche Mannschaft verabschiedete sich mit Anstand aus dem Turnier und bot in den beiden verbleibenden Spielen gegen Frankreich (2:0) und die Slowakei (4:2) spielerisch exzellente Leistungen, was allerdings in den meisten Olympia-Rückblicken unterschlagen wird. Mit Platz neun endete das Turnier zufriedenstellend. Auch Marco Sturm erholte sich vom anfänglichen Schock rasch. Das Verpassen des großen Ziels sei nicht sonderlich auf seine Stimmung geschlagen, sagte er: »Allein bei Olympia dabei sein zu dürfen, war für mich ein einmaliges Erlebnis, eine Supersache, die mit nichts zu vergleichen ist. Ich habe mich gefreut, die Jungs alle wieder zu sehen und mal wieder deutsch zu sprechen. Auch der Kontakt mit den anderen Sportlern im Olympischen Dorf war eine willkommene Abwechslung. Und sportlich war Platz neun immerhin noch das beste Finish, das wir erreichen konnten.«

Abschluss-Ranking

1. Kanada
2. Schweden
3. Tschechien
4. Russland
5. Finnland
6. USA
7. Lettland
8. Italien
9. Slowakei
10. Frankreich
11. Deutschland
12. Norwegen

Der 19-Jährige konnte in seinen beiden Einsätzen zwar keinen Scorerpunkt erzielen, sorgte jedoch für einige spielerische Glanzlichter. Zum herausragenden Spieler im deutschen Team avancierte Uwe Krupp, der erstmals nach acht Jahren wieder das Nationaltrikot trug. Warum es für die deutsche Mannschaft nicht zum Einzug in die Medaillenrunde reichte, begründete Marco Sturm mit der Personalpolitik der meisten DEL-Klubs, die kaum noch einheimische Profis eingesetzten: »Ich hatte das Glück, dass mein erstes Jahr in der DEL das letzte ohne die vielen Ausländer war. Jetzt spielen viele, auch aus der Nationalmannschaft, in der Liga ja kaum noch eine Rolle. Logisch, dass sie dann nicht mit Drucksituationen wie der gegen Weißrussland umgehen können. In den vergangenen beiden Jahren ist das deutsche Eishockey immer schlechter geworden. Und wenn sich nicht bald etwas ändert, geht es immer weiter bergab.« Der Youngster sollte recht behalten: Neun Monate später stieg die Nationalmannschaft beim WM-Qualifikationsturnier in Ljubljana nach 23 Jahren Zugehörigkeit zur Weltelite tatsächlich in die B-Gruppe ab.

Weltmeisterschaft 2001 in Deutschland: Ein Highlight der Karriere

Drei Wochen lang bereitete sich die deutsche Mannschaft akribisch auf das WM-Auftaktspiel gegen die Schweiz in der Kölnarena vor. Das öffentliche und mediale Interesse an dem Turnier war groß wie selten zuvor im deutschen Eishockey. Man hatte den Eindruck, nach zwei Jahren in der Zweitklassigkeit würde die gesamte Sportnation dem Turnier in den neuen Hallen in Köln, Hannover und Nürnberg erwar-

Weltmeisterschaft 2001 in Deutschland

Deutschland

Pos.	Name	Verein	Spiele	Tore	Assists	Pkt.	Strafmin.
S	Marco Sturm	San Jose/NHL	7	4	1	5	26
S	Daniel Kreutzer	Kassel	7	2	2	4	4
S	Thomas Daffner	Kassel	7	1	3	4	4
S	Klaus Kathan	Kassel	7	1	2	3	0
S	Wayne Hynes	Mannheim	7	2	0	2	8
S	Tobias Abstreiter	Kassel	7	0	2	2	6
S	Andreas Loth	Kassel	7	1	0	1	10
TW	Robert Müller	Mannheim	3	0	1	1	0
V	Mirko Lüdemann	Köln	7	0	1	1	2
V	Dennis Seidenbert	Mannheim	7	0	1	1	2
V	Jan Benda	J.Helsinki/FIN	7	0	1	1	4
S	Leonard Soccio	Hannover	7	0	1	1	6
S	Mark MacKay	Schwenningen	1	0	0	0	2
S	Sven Felski	E. Berlin	1	0	0	0	0
V	Christoph Schubert	München	1	0	0	0	0
V	Heiko Smazal	München	7	0	0	0	2
V	Erich Goldmann	Essen	7	0	0	0	6
S	Thomas Greilinger	Schwenningen	6	0	0	0	2
V	Jörg Mayr	Köln	7	0	0	0	2
V	Jochen Molling	Kassel	7	0	0	0	2
S	Jürgen Rumrich	Nürnberg	7	0	0	0	2
S	Marcel Goc	Schwenningen	7	0	0	0	2
TW	Christian Künast	München	4	0	0	0	0
TW	Leonardo Conti	Frankfurt	0	0	0	0	0

Trainer: Hans Zach

tungsfroh entgegenblicken. Mit 18 500 Zuschauern meldete die Kölnarena bereits Monate zuvor ausverkauft, der private TV-Sender SAT.1 kündigte an, zur besten Sendezeit drei Spiele mit deutscher Beteiligung live zu übertragen. Um den Bedürfnissen der Medienvertreter gerecht zu werden, ließen die Organisatoren auf dem Vorplatz der Kölnarena ein provisorisches Pressezentrum in der Größe eines Bierzeltes beim Münchner Oktoberfest errichten.

Am Rummel um die deutsche Mannschaft konnte auch die kurzfristige Absage von Olaf Kölzig nichts ändern. Der Startorhüter von den Washington Capitals sollte erstmals seit Olympia 1998 in Nagano wieder ins Nationaltrikot schlüpfen, nachdem er mit den Hauptstädtern im Play-off-Achtelfinale gegen die Pittsburgh Penguins aus-

Entgegen seiner ruhigen Art: Marco Sturm will dem Italiener Mario Chitarroni (Mitte) an den Kragen

geschieden war. Kölzig, im Jahr zuvor zum besten Schlussmann der gesamten NHL gekürt, ließ jedoch zwei Tage vor Turnierstart ausrichten, dass er wegen einer Knieverletzung die Reise nach Deutschland nicht antreten werde. An den Spekulationen, der 31-Jährige habe die Knieverletzung nur vorgeschoben, um nach einer kräfteraubenden Saison nicht noch bei der WM antreten zu müssen, wollte sich Marco Sturm nicht beteiligen: »Ich weiß, dass er wirklich Knieprobleme hat. Man sollte das akzeptieren.« Auch daran, dass Kölzigs Klub auf einen WM-Verzicht seines Torhüters gedrängt habe, glaubte der Angreifer nicht: »Das war allein seine Entscheidung.«

Erst drei Tage vor WM-Start traf Marco Sturm in Deutschland ein. Nach einem Tag in seiner Heimatstadt Landshut reiste er am Donnerstag weiter nach Köln, wo er erstmals mit der Mannschaft trainierte. »Der Jetlag steckt mir noch in den Knochen, aber ich bin zuversichtlich, bis Samstag fit und ausgeruht zu sein«, sagte der NHL-Legionär nach der ersten Übungseinheit mit den Kollegen. Keine Sekunde habe er gezögert, die deutschen Farben zu vertreten, nachdem er mit den Sharks gegen

C.NET
Škoda
IIHF

die St. Louis Blues aus dem Play off ausgeschieden war: »Es ist mir jedes Mal eine Ehre, im Nationalteam zu spielen. Speziell bei der WM im eigenem Land, das motiviert mich besonders.«

Der 22-Jährige war sich der Bedeutung seiner Mission als einziger NHL-Profi im deutschen Team bewusst: »Ich weiß, dass sich viele Blicke auf mich richten und viel von mir erwartet wird.« Nach bescheiden verlaufener Vorbereitung – in sechs Spielen gelang nicht ein Sieg – setzten Bundestrainer Hans Zach und die Öffentlichkeit viel Hoffnung auf den Niederbayern. Zach jedenfalls war überzeugt, »dass uns Marco noch mehr Zusammenhalt geben wird«. Der Angesprochene selbst war überzeugt, dem Erfolgsdruck gewachsen zu sein. Trotzdem bat er die Fans im Vorfeld des Turniers um Geduld: Neben der körperlichen Belastung fürchtete er vor allem die Umstellung auf die größeren Eisflächen in Europa: »Das ist ein anderes Spiel. Erwartet deshalb keine Wunderdinge von mir. Ich will der Mannschaft helfen, so weit ich kann.«

Abschluss-Ranking

1. Tschechien
2. Finnland
3. Schweden
4. USA
5. Kanada
6. Russland
7. Slowakei
8. Deutschland
9. Schweiz
10. Ukraine
11. Österreich
12. Italien
13. Lettland
14. Weißrussland
15. Norwegen
16. Japan

Sieg im Schlüsselspiel

Gleich zum Auftakt stand für die deutsche Mannschaft mit der Partie gegen die Schweiz ein Schlüsselspiel auf dem Programm. Ein Sieg gegen den Erzrivalen – und sie hätte für die Zwischenrunde planen können. Andernfalls wären Erfolge gegen die deutlich stärker eingeschätzten Mannschaften von Titelverteidiger Tschechien oder Weißrussland nötig gewesen. Marco Sturm, der gemeinsam mit Len Soccio und Klaus Kathan eine Reihe bildete, wurde den hohen Erwartungen gerecht: In der 19. Spielminute brachte er seine Mannschaft per Bauerntrick (er umkurvte das Schweizer Gehäuse und schoss die Scheibe vom Hintertorraum an die Schoner des Torhüters, von wo sie über die Linie sprang) mit 1:0 in Führung. Die Schweiz konnte zwar zum 1:1 ausgleichen, doch Lüdemann (58.) und Kreutzer (59.) machten mit ihren Treffern in den Schlussminuten den Sieg perfekt. Freudetrunken feierten die 18 500 Zuschauer in der Kölnarena eine rauschende Siegesparty. Es war ein Start nach Maß in die 65. Weltmeisterschaft. Marco Sturm sagte: »Anfangs war ich nervös. Mir kam es so vor, als würde jeder nur auf mich schauen. Aber das Publikum war gigantisch, die Stimmung traumhaft. Es ist von Minute zu Minute bei mir besser gelaufen, ich bin immer selbstbewusster geworden und habe mehr Spaß gefunden.«

Zum Held des Tages avancierte allerdings Marco Sturms Schwager Christian Künast, mit dem er im Mannschaftsquartier ein Doppelzimmer teilte. Der 30-Jährige, in seinem Vereinsteam, den München Barons hinter dem Kanadier Boris Rousson nur Ersatz, hatte überraschend den Vorzug vor dem eigentlich als Nummer eins gesetzten Mannheimer Robert Müller erhalten und brachte die Schweizer mit seinen Paraden schier zur Verzweiflung. Künast war wurde von einem Experten-Gremium zum »Spieler des Tages« gewählt. Am Abend nach dem Match verblich jedoch die Freude über den Sieg. Wie sich herausstellte, hatte sich Mark MacKay bei einem Bandencheck in der 14. Spielminute, nach dem er auch verletzungsbedingt ausgeschieden war, eine Schultereckgelenksprengung zugezogen. Für den Mittelstürmer der ersten Sturmreihe war das Turnier damit vorzeitig beendet. Noch im Laufe der nächsten Tage sollte sich der 36 Jahre alte Schwenninger einer Operation unterziehen.

Tagesbester: Marco Sturm wird nach dem Spiel gegen Finnland zum »Player of the Match« geehrt

Aber auch ohne MacKay setzte die deutsche Mannschaft tags darauf zu einer weiteren Heldentat an: Dem amtierenden Weltmeister Tschechien trotzte sie ein 2:2-Unentschieden ab. Marco Sturm erzielte in der 16. Minute den 1:1-Ausgleich. Die zwischenzeitliche deutsche Führung durch Daniel Kreutzer (27.) konnte der Tscheche Dvorak zwölf Minuten später zum Endstand ausgleichen. Die 0:2-Niederlage im abschließenden Vorrundenspiel gegen Weißrussland war bedeutungslos geworden. Bereits vorher stand fest: Die Osteuropäer mussten den Gang in die Abstiegsrunde antreten, Deutschland nahm drei Zähler mit in die Zwischenrunde, was bereits die »halbe Miete« für die Teilnahme am Viertelfinale war.

Die Zwischenrunde begann für die deutsche Mannschaft mit einer Enttäuschung, und das gleich im doppelten Sinne. Im WM-Hauptspielort Hannover erreichte die WM-Atmosphäre lange nicht derartige Ausmaße wie in Köln. Auf Grund von Unzulänglichkeiten beim Kartenvorverkauf blieben sogar bei den deutschen Spielen ganze Blöcke in der 12 000 Zuschauer fassenden Preussag Arena frei. Dabei hatte es im Vorfeld geheißen, sämtliche Spiele mit Beteiligung des DEB-Teams seien längst ausverkauft. Zudem mussten sich die Zach-Schützlinge nach ihrer schwächsten WM-Leistung Italien mit 1:3 geschlagen geben und verpassten den vorzeitigen Viertelfinal-Einzug. Zehn Minuten vor Spielende setzte der doppelte Torschütze der Italiener, Mario Chitarroni, zu einem fiesen Kniecheck gegen Marco Sturm an, der, entgegen seinem ruhigen Naturell, dem Italiener an den Kragen ging. Mannschaftskameraden warfen sich zwischen die beiden Streithäne und konnten gerade noch eine Schlägerei verhindern. Mit 60 Strafminuten in sechs Turnierspielen wurde Chitarroni, der sein Geld lange Jahre in der DEL beim EHC Eisbären Berlin und den Nürnberg Ice Tigers verdiente, Strafbankkönig des Turniers.

Einer der besten Torschützen des Turniers

Nur einen Tag nach der Enttäuschung schaffte das deutsche Team mit einem 3:3 gegen Kanada die Viertelfinal-Qualifikation. Wie schon gegen Titelverteidiger Tschechien spielte die Mannschaft über ihren Möglichkeiten. Ausgerechnet Wayne Hynes, gebürtiger Kanadier und erst seit einem Jahr in Besitz der deutschen Staatsbürgerschaft, schoss die Gastgeber mit 2:0 in Front (14. und 24. Minute). Der hohe Favorit konnte durch Norris (46.) und Isbister (51.) zum 2:2 ausgleichen, doch nach dem erneuten Führungstreffer durch Marco Sturm (52.) keimte wieder Hoffnung auf eine kleine Sensation. Erneut Isbister machte diese vier Minuten vor Schluss mit seinem Treffer zum 3:3 allerdings zunichte. Die 1:3-Niederlage im abschließenden Zwischenrundenspiel gegen Russland war bedeutungslos. Als Vierter ihrer Gruppe trafen die Zach-Schützlinge auf den Sieger der Parallelgruppe, Finnland, das sich durch starke Leistungen im Laufe des Turniers zum WM-Favoriten gemausert hatte.

Ausgelassener Torjubel: Marco Sturm feiert seinen Treffer zum 1:1 gegen Weltmeister Tschechien (Endstand: 2:2)

Zurück in der Kölnarena mussten die Deutschen die Überlegenheit des Gegners in allen Belangen anerkennen und verabschiedeten sich mit einer ehrenvollen 1:4-

Ausgerutscht: Marco Sturm und die deutsche Mannschaft waren beim 1:3 gegen Russland chancenlos

Niederlage aus dem Turnier. Obwohl die Skandinavier nach Expertenmeinung die klar beste Mannschaft des Turniers stellten, mussten sie sich im Finale Titelverteidiger Tschechien mit 2:3 nach Verlängerung geschlagen geben. Die Tschechen machten damit den WM-Hattrick perfekt.

Mit vier Toren und einem Assist avancierte Marco Sturm zum Topscorer im deutschen Team und – gleichauf mit sechs anderen Profis – zum siebtbesten Torschützen des gesamten Turniers. Das Fachblatt Eishockey NEWS war in seiner Einzelkritik voll des Lobes: »Er war der mit Abstand beste deutsche Stürmer. Schnell, technisch versiert und mit Zug zum Tor. Der einzige deutsche NHL-Crack zeigte, warum er sein Geld in Nordamerika verdient. Der 22-Jährige verkörperte absolute Weltklasse. Wenn er auf dem Eis stand, ging die Post ab und jeder Gegner musste auf der Hut sein. Mit seinem Turbo – und den Gang hatte kein anderer deutscher Stürmer – überlief er reihenweise gestandene Verteidiger, war ständiger Unruheherd, brillierte technisch und strahlte trotz seines geringen Alters eine unglaubliche Ruhe und Routine aus.«

Auch das Lob von Bundestrainer Hans Zach war ihm gewiss: »Wir sind sehr froh, dass er zu uns gekommen ist. Er ist ein echter Teamleader und hat die Mitspieler hervorragend geführt.« In den beiden WM-Wochen stellte Marco Sturm fest, dass die jungen Spieler auf ihn zugingen und um Rat fragten: »Mir war klar, dass ich Führungsqualitäten beweisen musste. Auch außerhalb der Eisfläche.« Besonders zum jungen Mannheimer Verteidiger Dennis Seidenberg, der als Shooting Star des DEL-Play-off in den WM-Kader rückte, entwickelte sich in dieser Zeit eine enge Freundschaft. Allerdings wollte sich Marco Sturm nicht zu sehr in den Vordergrund drängen. »Der Marco ist keiner, der den Ton angibt«, sagte sein Jugendfreund Erich Goldmann, ebenfalls im WM-Kader, »sondern einer, der durch Leistung überzeugen will. Wortführer neben der Eisflächen waren damals andere: Jan Benda, Jürgen Rumrich oder Christian Künast.«

Zwei Wochen lang erreichte Marco Sturm einen Star-Status wie nie zuvor in seiner Karriere. Sogar das dem Eishockey wenig geneigte Zweite Deutsche Fernsehen (ZDF) schaltete ihn als Interviewgast in sein »Aktuelles Sport Studio« zu. Der Einladung ins Studio nach Mainz konnte er wegen des am gleichen Abend in Hannover stattfindenden Spiels gegen Kanada nicht nachkommen. Im Rückblick bezeichnet der Landshuter die WM im eigenen Land als »eines der Highlights meiner Karriere«. Vor allem von der öffentlichen Beachtung seiner Person zeigte er sich überrascht: »Ich bin eigentlich ganz locker hingefahren. Erst als ich dann dort war, habe ich gemerkt, wie viel Interesse besteht. Ich hatte viel Druck und bin glücklich, dass es so gut gelaufen ist. Die WM hat riesig Spaß gemacht.«

Olympische Winterspiele 2002 in Salt Lake City: Reisestress fürs Vaterland

Der Modus der Winterspiele 2002 in Salt Lake City war genauso kurios wie der vier Jahre zuvor in Japan: Weil die NHL erneut nicht bereit war, ihren Spielbetrieb länger als 14 Tage zu unterbrechen, wurden die sechs Topnationen der Welt (Kanada, USA, Tschechien, Russland, Schweden, Finnland) gleich für die Finalrunde gesetzt. Acht weitere Teams sollten zwei weitere Finalrunden-Teilnehmer ermitteln. Bei Betrachtung von Vorrundengruppe A mit der Slowakei, Österreich und Lettland gab sich Marco Sturm kämpferisch: »Wenn wir die Finalrunde erreichen wollen, müssen wir die Slowaken niederkämpfen. Aber das schaffen wir auch. Im Kopf habe ich nur einen Sieg.« Dabei schickte der Vize-Weltmeister von 2000 ein nahezu unschlagbar wirkendes All-Star-Team mit NHL-Superstars wie Zigmund Palffy (Los Angeles), Miroslav Satan (Buffalo), Marian Hossa (Ottawa), Josef Stümpel (Boston) und Pavol Demitra (St. Louis) an den Start.

Nach Vergleich des Olympia-Spielplans mit dem der NHL stand rasch fest, dass der Ex-Landshuter dem Nationalteam nicht die gesamte Vorrunde zur Verfügung stehen würde. Zeitgleich zum Spiel gegen Lettland stand für die Sharks das wichtige Gastspiel bei den Edmonton Oilers, einem der Kontrahenten um die Spitzenplätze

Olympische Spiele 2002 in Salt Lake City

Deutschland

Pos.	Name	Verein	Spiele	Tore	Assists	Pkt.	Strafmin.
S	Leonard Soccio	Hannover	7	3	3	6	8
S	Klaus Kathan	Kassel	7	3	2	5	0
S	Stefan Ustorf	Mannheim	7	2	1	3	2
S	Mark MacKay	Schwenningen	7	0	3	3	2
S	Andreas Loth	Kassel	7	2	0	2	0
S	Jochen Hecht	Edmonton/NHL	4	1	1	2	2
V	Dennis Seidenberg	Mannheim	7	1	1	2	4
S	Andreas Morcinietz	Augsburg	3	0	2	2	0
S	Tobias Abstreiter	Kassel	7	0	2	2	0
S	Jürgen Rumrich	Nürnberg	7	1	0	1	0
S	Martin Reichel	Nürnberg	7	1	0	1	0
V	Jan Benda	Kazan/RUS	7	1	0	1	2
V	Mirko Lüdemann	Köln	4	0	1	1	0
S	Marco Sturm	San Jose/NHL	5	0	1	1	0
V	Christoph Schubert	München	7	0	1	1	6
V	Daniel Kunce	Krefeld	7	0	1	1	43
V	Jörg Mayr	Köln	1	0	0	0	0
S	Daniel Kreutzer	Kassel	7	0	0	0	0
S	Wayne Hynes	Mannheim	7	0	0	0	6
V	Christian Ehrhoff	Krefeld	7	0	0	0	8
V	Andreas Renz	Köln	7	0	0	0	8
V	Erich Goldmann	Essen	7	0	0	0	27
TW	Marc Seliger	Nürnberg	6	0	0	0	0
TW	Robert Müller	Mannheim	2	0	0	0	0
TW	Christian Künast	München	2	0	0	0	0

Trainer: Hans Zach

in der Western Conference, auf dem Programm. Auch der Einsatz im zweiten Vorrundenspiel gegen Österreich war fraglich. Die Sharks erwiesen sich als kooperativ und erklärten sich bereit, im Match gegen die Carolina Hurricanes am gleichen Tag auf ihren Gastarbeiter aus Deutschland zu verzichten. »Ich habe Marco gefragt, ob er bei Olympia spielen möchte, und er hat ganz klar ja gesagt. Wenn wir ihn nicht spielen ließen, würden wir ihm eine vielleicht einmalige Chance in der Karriere verbauen«, erklärte General Manager Dean Lombardi. Aber ein anderer NHL-Klub, die Washington Capitals, legte Protest ein und berief sich auf die Regelung, nach der jeder NHL-Klub stets sein bestmögliches Team aufbieten muss. Hintergrund: Caroli-

Eisballett: Marco Sturm und die deutsche Mannschaft wurden beim 2:8 von Titelverteidiger Tschechien ausgetanzt

na war in der Southeast Divison Hauptrivale Washingtons im Kampf um die Play-off-Plätze.

Schließlich durfte Marco Sturm in der Vorrunde nur im Auftaktspiel gegen die Slowakei Vaterlandsdienst verrichten – und auch der war nur mit großem logistischen Aufwand möglich. Am Freitagabend bestritten die Sharks noch ein Heimspiel gegen die Chicago Blackhawks. Sofort nach der Partie sollte er im Privatjet von Klubbesitzer George Gund in die Olympiastadt reisen, wo für den nächsten Nachmittag das Match gegen die Slowakei angesetzt war. »Er hat deutsche Vorfahren«, begründete DEB-Sportdirektor Franz Reindl das ungewöhnliche Entgegenkommen des Sharks-Besitzers.

Im Gegensatz zu Jochen Hecht, dessen Einsatz im Auftaktspiel ebenfalls möglich gewesen wäre, dem jedoch die Strapazen mit dann vier Spielen in vier Tagen zu groß waren, wollte Marco Sturm nicht klagen: »Olympia motiviert und es ist für mich eine Selbstverständlichkeit, für Deutschland zu spielen.« Wie bei der Weltmeisterschaft im Jahr zuvor war Marco Sturm der große Hoffnungsträger im Lager des Deutschen Eishockey-Bundes (DEB). »Alle sind ganz heiß, dass Marco spielt. Er gibt der Mannschaft einen zusätzlichen Schub«, sagte Sportdirektor Reindl. »Marco ist ein echter Leitwolf«, betonte Bundestrainer Hans Zach. Die Mitspieler erhofften sich einen

»Riesenruck«, wie Kapitän Jürgen Rumrich formulierte, der gegen die Slowakei ein Spiel mit Herz, Leidenschaft und bedingungslosem Einsatz ankündigte: »Wir sind krasser Außenseiter, werden aber kämpfen bis zum Umfallen.«

Sensationssieg gegen die Slowakei

Die Anreise klappte aber nicht wie ursprünglich vorgesehen. Nach dem 4:2-Sieg gegen Chicago machte sich Marco Sturm wie geplant auf den Weg zu dem nahe der Halle gelegenen San Jose International Airport, wo bereits die Maschine von George Gund auf ihn wartete. Kurz vor Abflug erfuhr der Pilot jedoch, dass er keine Landeerlaubnis für den Flughafen in Salt Lake City erhalten würde. Dort fand am gleichen Abend die Eröffnungsfeier statt und aus Sicherheitsgründen wurde der komplette Luftraum über der Olympiastadt gesperrt. Marco Sturm musste kurzfristig umdisponieren und buchte einen Linienflug für den nächsten Morgen. »Da waren zum Glück noch einige Plätze frei.«

Den »Alpenvulkan« im Rücken: Andreas Morczinietz (links) und Marco Sturm setzen die Anweisungen von Bundestrainer Hans Zach um

Nach nur drei Stunden Schlaf klingelte bereits um 4 Uhr morgens Marco Sturms Wecker. Um 6:15 Uhr saß er im Flieger nach Salt Lake City, wo er um 8:15 Uhr, knapp acht Stunden vor Spielbeginn gegen die Slowakei, landete. Ein Chauffeur brachte in zunächst ins »E Center«, wo er seine Ausrüstung in der Kabine verstaute. Nach der Akkreditierung und einem kurzen

Mittagsschläfchen im Olympischen Dorf ging es um 13:30 Uhr zurück ins Stadion. Der Kontakt zu den Mannschaftskollegen war kurz. »Ich wollte mit dem Marco ein paar Takte reden«, berichtete sein Jugendfreund Erich Goldmann, »aber das war in der Kürze der Zeit schlichtweg unmöglich. Marco war nicht greifbar.« Kurz nach 22 Uhr saß er schon wieder im Flieger Richtung Kalifornien. Sein Fazit: »Der Trip war anstrengend, aber er hat sich gelohnt.«

Abschluss-Ranking

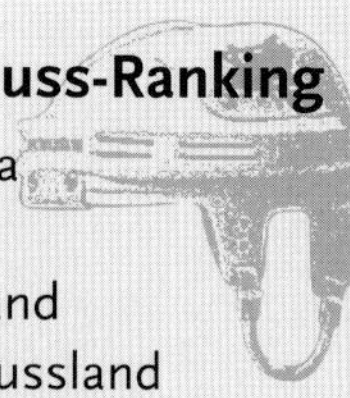

1. Kanada
2. USA
3. Russland
4. Weißrussland
5. Schweden
6. Finnland
7. Tschechien
8. Deutschland
9. Lettland
10. Ukraine
11. Schweiz
12. Österreich
13. Slowakei
14. Frankreich

Seine Stippvisite war schließlich von einer Sensation gekrönt, dem 3:0 gegen die favorisierten Slowaken und einer Vorstellung, mit der die deutschen Spieler die Herzen der neutralen Zuschauer eroberten. Die Amerikaner mögen schließlich den Vergleich zwischen David und Goliath und sind ganz aus dem Häuschen, wenn der vermeintlich Schwächere dem biblischen Vorbild folgt und gewinnt. Jürgen Rumrich, Jan Benda und Klaus Kathan erzielten die Tore für das deutsche Team, das den Sieg allerdings teuer bezahlen musste: Verteidiger-Routinier Jörg Mayr zog sich im ersten Drittel, als er sich mit vollem Einsatz in einen gegnerischen Schuss warf, einen Kieferbruch zu. Mit Blaulicht wurde der Kölner ins nächstgelegene Krankenhaus gefahren und sofort operiert. In Folge der Schwere der Verletzung musste Mayr seine Profi-Laufbahn beenden.

Marco Sturm kam in der zweiten Angriffsreihe an der Seite von Tobias Abstreiter und Daniel Kreutzer zum Einsatz. »Ich war am Ende ziemlich schlapp«, gestand der NHL-Star nach dem Spiel. Am Abend darauf stand er schon wieder in San Jose auf dem Eis, im Spiel gegen die Carolina Hurricanes, und steuerte einen Assist zum 4:0-Sieg bei.

Der Sieg über die Slowakei war für die deutsche Mannschaft die halbe Miete auf dem Weg in die Endrunde. Auch ohne ihren Leitwolf Marco Sturm (»Ich möchte zur Endrunde zurückkehren«) wurden Österreich (3:2) und im entscheidenden Spiel Lettland (4:1) niedergerungen. Marco Sturm und die Sharks waren am gleichen Abend zu Gast bei Jochen Hecht und den Edmonton Oilers. Ein Betreuer der Kanadier hielt Kontakt nach Salt Lake City und informierte Hecht über die Zwischenstände aus der Olympiastadt. Während des Spiels versuchte dieser, seinen Landsmann über das erfreuliche Resultat zu informieren. »Ich habe versucht, Marco das Ergebnis zuzuflüstern«, so Hecht. »Aber er hat mich nicht gehört.«

Skandalöse Schiedsrichter-Entscheidungen

Am Morgen nach dem 3:2-Sieg der Sharks flogen Marco Sturm und Jochen Hecht gemeinsam in die Olympiastadt, wo sie vor den Finalrundenspielen zur Mannschaft stießen. Gegen die mit allen Stars besetzten und technisch überlegenen Mannschaf-

Marco Sturm & Jochen Hecht – die Hoffnungsträger

Marco Sturm und Jochen Hecht – Mitte der Neunziger Jahre wurden die beiden Angreifer häufig in einem Atemzug genannt. Sie galten als die großen Hoffnungsträger im deutschen Eishockey. Und tatsächlich gelang es ihnen, als zwei von nur wenigen Deutschen, in der besten Liga der Welt, der NHL, Fuß zu fassen.

Jochen Hecht ist ein Jahr älter als Marco Sturm und war ihm anfangs diese Zeit auch immer voraus: Bereits 1993 hätte der Mannheimer als 16-Jähriger per Ausnahmegenehmigung in der Bundesliga debütieren sollen, der DEB beharrte jedoch auf seinen Statuten und lehnte ab. 1994, ein Jahr früher als Marco Sturm, feierte er seine Premiere in der DEL und avancierte mit 32 Scorerpunkten zu deren besten »Rookie«. Den Scouts aus der NHL war diese steile Entwicklung nicht entgangen. 1995, ebenfalls ein Jahr vor Marco Sturm, wurde er gedraftet: An Position 49 von den St. Louis Blues. 1996, erneut ein Jahr früher als der Landshuter, nahm er in Wien erstmals an einer Weltmeisterschaft teil. 1997 gewann Jochen Hecht mit Adler Mannheim die deutsche Meisterschaft und steuerte für einen 19-Jährigen beeindruckende 24 Tore und die gleiche Anzahl an Vorlagen bei.

Der Mannheimer zögerte aber mit seinem Wechsel nach Übersee lange – zu lange, wie viele Experten meinen. Erst 1998 wagte er den Schritt zu den St. Louis Blues, nach einer schwachen Saison in Mannheim und einer ebenso schwachen Leistung bei der WM in der Schweiz. Auch sein Einstand bei den Blues entsprach nicht den Erwartungen. Nach nur drei Einsätzen wurde er ins Farmteam Worcester Ice Cats in die AHL abgeschoben, wo er den Rest der regulären Saison verbrachte.

Erst zum Play off kehrte der Mannheimer wieder ins NHL-Team zurück und empfahl sich für einen Stammplatz. Obwohl er im Play off 2000 sogar zum besten Scorer der Blues avancierte, gab ihn der Klub ein Jahr später ohne seine Zustimmung an die dahintümpelnden Edmonton Oilers ab. Jochen Hecht brauchte lange, um sich von diesem Tiefschlag zu erholen, und liebäugelte zwischenzeitlich sogar mit einer Rückkehr nach Mannheim. Nach nur einer Saison transferierten ihn die Kanadier an die Buffalo Sabres weiter. Auch bei dem Klub aus dem US-Bundesstaat New York brauchte der Deutsche lange, bis er wieder Gefallen am Eishockey fand. Im Dezember 2002 wurde er von einem Puck derart unglücklich am Kopf getroffen, dass er ein Stück von seinem rechten Ohr verlor.

In Deutschland fiel Jochen Hecht in der Popularität deutlich hinter Marco Sturm zurück, zumal er nach der öffentlichen Kritik von Bundestrainer Hans Zach an

seinen Leistungen bei den Olympischen Spielen 2002 in Salt Lake City zwei Jahre lang das Nationalteam boykottierte. Bei seinem Comeback, der Weltmeisterschaft 2004 in Prag, war er bester Spieler der deutschen Mannschaft. Seine starken Leistungen fanden angesichts der schwachen Resultate der Mannschaft aber nur wenig Beachtung.
Bei der U-18-Europameisterschaft 1995 gewannen Marco Sturm und Jochen Hecht Seite an Seite die Silbermedaille. Bei der WM 1997 in Finnland sowie den Olympischen Winterspielen 1998 in Nagano und 2002 in Salt Lake City spielten sie gemeinsam im deutschen Team. Ansonsten hält sich ihr Kontakt in Grenzen. »Nach unseren Spielen tauschen wir uns kurz aus, manchmal gehen wir sogar gemeinsam essen«, sagt Marco Sturm. »Aber ansonsten sind wir nicht so oft in Kontakt.«

ten aus Tschechien (2:8) und Schweden (1:7) bekamen die Zach-Schützlinge deutlich ihre Grenzen aufgezeigt, den späteren Goldmedaillengewinner Kanada (2:3) hatten sie jedoch am Rande einer Niederlage. Als Vierter ihrer Gruppe trafen sie im Viertelfinale auf den Sieger der anderen Staffel, Gastgeber USA. Und das Spiel wurde auf Grund der desolaten Leistung von Schiedsrichters Ulf Radbjer zu einem Skandal. »Bei Olympia sollte alles gerecht zugehen, sonst müssen sich die Verantwortlichen mal überlegen, was der Olympische Gedanke eigentlich wert ist«, tobte vor dem heimischen Fernseher Eishockey-Legende Erich Kühnhackl. »Die Schiedsrichter haben ein Buch, in dem die Regeln stehen. Und danach sollten sie auch pfeifen.«

Was war passiert? Geschickt verstand es der Schwede, die deutsche Mannschaft zu benachteiligen. Von den ersten 13 Spielminuten musste sie knapp sieben in Unterzahl bestreiten, verlor zudem Verteidiger Erich Goldmann wegen eines Stockfouls für die gesamte Partie – sämtliche Entscheidungen waren überzogen. Mit einem 0:1-Rückstand ging es nach dem ersten Drittel in die Kabine. Ein Erfolg lag noch im Bereich des Möglichen. Im zweiten Abschnitt brachen beim DEB-Team allerdings alle Dämme: Binnen 125 Sekunden zogen die Amerikaner auf 4:0 davon, die Moral der Deutschen war gebrochen. Am Ende stand es 5:0. »Das viele Unterzahlspiel im ersten Drittel hat uns viel Kraft gekostet, die am Ende gefehlt hat«, resümierte Marco Sturm. Franz Reindl, ansonsten eher ein zurückhaltender Charakter, witterte zu Recht Schiebung seitens der Gastgeber und verwies auf den sensationallen 4:3-Viertelfinalsieg Weißrusslands wenige Stunden zuvor über die favorisierten Schweden: »Die Entscheidungen waren skandalös. Offenbar sollte es kein zweites Wunder an diesem Tag geben und alles auf ein Traumfinale USA gegen Kanada hinauslaufen.«

Lagebesprechung: Mirko Lüdemann (links), Jan Benda und Marco Sturm diskutieren den nächsten Spielzug

Kanada gewann im Finale, das als eines der besten Eishockeyspiele aller Zeiten in die Olympia-Geschichte einging, die Goldmedaille mit einem 5:2 über die USA. Marco Sturm blieb mit nur einem Assist in fünf Einsätzen auf dem Papier schwach. In den Finalrundenspielen gegen Tschechien und Schweden war er jedoch einer der wenigen Deutschen, die den technisch klar überlegenen Gegnern Widerstand leisten konnten.

Beratung: Bundestrainer Hans Zach und sein verlängerter Arm auf dem Eis

Marco Sturm privat

12. Juli 2003 und 21. Januar 2004 – zwei Daten, die das Leben von Marco Sturm veränderten. Im Sommer 2003 führte er seine langjährige Lebensgefährtin Astrid Vettori in Landshut zum Traualtar. Mit einem Fest im Freundes- und Familienkreis auf der Landshuter Burg Trausnitz wurde der Jubeltag gefeiert. Sechs Monate später erblickte Sohn Mason Joseph in San Jose das Licht dieser Welt. Für den gleichen Abend sah der Terminplan der NHL das Gastspiel der Sharks bei den Phoenix Coyotes vor. General Manager Doug Wilson und Trainer Ron Wilson kamen der Bitte des Deutschen, an diesem Tag pausieren zu dürfen, ohne Zögern nach. Marco Sturm wollte der Geburt seines Sohnes unbedingt beiwohnen. Alles war perfekt durchgeplant. »Der Junge war schon so groß. Und weil wir einen Kaiserschnitt verhindern wollten, wurde die Geburt eingeleitet«, berichtete der Eishockey-Profi.

Der stolze Papa: Marco Sturm mit Sohnemann Mason Joseph

Auch der Name des Stammhalters stand schon lange fest. Trotz ihrer tief niederbayerischen Herkunft entschied sich die junge Familie für den amerikanischen Vornamen Mason. »Wir waren auf der Suche nach einem amerikanischen Namen, den man auch in Deutschland aussprechen kann«, erklärt der Jung-Vater. Amerikanisch deshalb, weil Sturm junior in den USA geboren wurde und deshalb automatisch neben der deutschen auch die amerikanische Staatsbürgerschaft besitzt. »Auch der Sohn meines ehemaligen Mitspielers Bryan Marchment hieß Mason. Der Name hat uns gut gefallen. Unsere Familien waren anfangs natürlich wenig begeistert, aber da mussten

Abschied vom Junggesellendasein: Marco Sturm veralbert seine künftige Frau Astrid kurz vor der Hochzeit

Familienglück: Marco, Astrid und Mason Joseph Sturm auf der Veranda ihres Hauses in Silver Creek

wir durch«, so Marco Sturm. Wenigstens der zweite Vorname Joseph steht für die deutschen Wurzeln.

Die ersten Wochen als Eltern waren nicht einfach für Marco und Astrid Sturm. Bereits kurz nach der Geburt hatte sich der Kleine eine Gelbsucht eingefangen und musste täglich zu Behandlungen und Kontrollen ins Krankenhaus gefahren werden. Doch als der 25-Jährige nach seinem Wadenbeinbruch mehr Zeit als gewöhnlich in der heimischen Villa im Nobelvorort Silver Creek verbrachte, entpuppte er sich schnell als leidenschaftlicher Familienvater: »Der Kleine hat mich zu Hause aufgebaut, als ich verletzt war. Ohne ihn wäre die Pause noch frustrierender geworden.«

Begegnung in der Kellerbar

Im Sommer 1997, kurz vor seinem Abflug nach Kalifornien, lernte Marco Sturm seine heutige Frau kennen. Zusammen mit Christian Künast und Reinhard Haider, einem ebenfalls aus Landshut stammenden Torhüter und damals beim Zweitligisten

Freiburg tätig, besuchte er die Kellerbar im Haus der Familie Vettori. Birgit Vettori, die Zwillingsschwester von Astrid, war damals mit Reinhard Haider befreundet. Doch erst im folgenden Sommer – Marco Sturm war nach seiner ersten NHL-Saison wieder nach Deutschland zurückgekehrt – wurden beide ein Paar. Die Anfänge der Beziehung waren nicht einfach. »Die große Frage war, ob Astrid mit rüber kommt oder hier bleibt«, erinnert sich Marco Sturm. »Das war ein langes Hin und Her. Astrid hatte einen guten Job als Arzthelferin und es fiel ihr nicht leicht, diesen aufzugeben. Eine Fernbeziehung kam für mich jedenfalls nicht in Frage. Ich habe bei vielen Mannschaftskollegen in Landshut und San Jose mitgekriegt, dass so etwas nicht lange gut geht.«

PR-Termin: Im Münchner »Elixia Prinz Fitness & Wellness Club« stellt Marco Sturm seine Wohltätigkeitsstiftung vor (rechts: Moderator Antoine Alazard)

Im Herbst 1998 schließlich kündigte Astrid Vettori ihre Arbeitsstelle und folgte nach Kalifornien. Weil es in Marco Sturms Appartement in Downtown San Jose für beide schnell zu eng wurde, bezogen sie ein Haus in Los Gatos südlich von San Jose. Im folgenden Jahr kaufte Marco Sturm eine Villa in Silver Creek.

Der Meister und seine Schüler: Marco Sturm im August 2004
bei seiner Sommer-Eishockey-Schule in Landshut

www.la-cannibals.de
ruft!
MARCO STURM
AND FRIENDS

Den Sommer verbringt die junge Familie stets in ihrem Einfamilien-Haus in Landshut. Im Gegensatz zu Basketball-Star Dirk Nowitzki von den Dallas Mavericks, der bei seinen Heimatbesuchen in Würzburg über zu großen Rummel um seine Person klagt (»Manchmal wünsche ich mir schon, mal in Ruhe gelassen zu werden. Urlaub kann ich hier jedenfalls keinen mehr machen«), verlebt Marco Sturm in der Heimat ruhige Tage. »Das ist auch gut so«, sagt er. »Ich habe während der Saison genug Stress. Der Sommer gehört Familie und Freunden. So, wie es ist, bin ich sehr zufrieden.« Durch die Landshuter Fußgängerzone kommt er unbedrängt, seine öffentliche Auftritte beschränken sich auf Autogrammstunden bei Benefizspielen, einem halben Dutzend Zeitungs-Interviews und ab und an einen Auftritt in »Blickpunkt Sport« des Bayerischen Fernsehens. »Auch wenn sich das nicht gerade stressig anhört, bin ich im Sommer ständig auf Achse«, sagt Marco Sturm. »Ich besuche Familie und Freunde, bereite mich im Fitnessstudio intensiv auf die neue Saison vor, gebe Interviews, nehme an Wohltätigkeitsveranstaltungen teil und so weiter. Drüben ist alles irgendwie ruhiger und geht seinen gewohnten Gang.«

Wohltätigkeitsstiftung gegründet

Im Sommer 2004 kam eine Reihe weiterer Verpflichtungen hinzu. Nach seinem Wadenbeinbruch Anfang März absolvierte der 25-Jährige dreimal in der Woche Reha-Training in der Privatklinik »City Med« von Nationalmannschafts-Arzt Andreas Gröger in München. Hinzu kamen die Gespräche mit verschiedenen Vereinen aus Deutschland und der Schweiz, die sich für eine Verpflichtung interessierten, falls es in der NHL zu Saisonbeginn 2004/2005 zu einem ähnlichen Arbeitskampf und »Lock out« wie anno 1994 kommen sollte. Zudem veranstaltete er zum zweiten Mal nach 2002 die Sommer-Eishockey-Schule »Marco Sturm & Friends«. Lange trugen sich Marco Sturm und seine Freunde Tobias Abstreiter, Bernd Truntschka, Günter Oswald und Bernie Englbrecht, mit denen er sich im Sommer auch gemeinsam auf die neue Saison vorbereitet, mit dem Gedanken, ein Projekt für heranwachsende Eishockey-Spieler aus der Taufe zu heben. 2002 wurde er erstmals in die Wirklichkeit umgesetzt. »Die Eishockey-Schule richtet sich an hoffnungsvolle Talente nahezu aller Altersklassen. Kinder ab 8 Jahren sind ebenso willkommen wie ein DNL-Spieler mit 17. Wir wollen ihnen unser Wissen, dass wir uns in unseren Profijahren angeeignet haben, vermitteln«, sagt Marco Sturm. »Während der beiden Trainingswochen entwickelt sich auch eine Kameradschaft zwischen uns Profis und den Teilnehmern. Sie sind alle in einer Jugendherberge untergebracht, das hat so etwas Internatmäßiges, Eingeschworenes. Wir essen gemeinsam mit den Kindern und ich glaube wirklich, dass unsere Schützlinge nicht nur aus sportlicher Sicht etwas dazulernen, sondern auch eine schöne Erinnerung mit nach Hause nehmen.«

Im Juli 2004 rief der Niederbayer auch die »Marco-Sturm-Stiftung« ins Leben, eine Wohltätigkeitsorganisation für krebskranke Kinder. »Ich möchte mich sozial engagieren«, begründete er seine Initiative. Bei den Sharks nimmt Marco Sturm regelmäßig an entsprechenden Kampagnen teil, wie Krankenhausbesuchen oder der Weihnachts-Sammelaktion »Toys for Tots«, bei der Sharks-Fans neuwertiges Spielzeug oder Geld für hilfsbedürftige Kinder spenden und im Gegenzug dafür Autogramme der Profis erhalten. »Krebskranke Kinder«, sagt Marco Sturm, »liegen mir sehr am Herzen. Für sie möchte ich was tun.« Der Hintergrund: »Ich bin vor kurzem bekanntlich selbst Vater geworden und habe dabei gemerkt, wie wichtig die Gesundheit eines Kindes ist. Hinzu kommt, dass meine Schwiegermutter an Krebs gestorben ist.« Mit der vorliegenden Biographie – vom Verkaufspreis fließt jeweils ein Euro direkt der Stiftung zu –, einem Golfturnier sowie Versteigerungen von Eishockey-Utensilien wie Trikots oder Schläger soll Geld eingenommen werden.

Stets Verbindung in die Heimat: Marco Sturm surft im Internet

Über die Zeit nach seiner aktiven Karriere hat sich Marco Sturm noch wenig Gedanken gemacht. Einerseits sagt er: »Das alles ist noch viel zu weit weg. Ich will noch mindestens zehn Jahre spielen.« Andererseits aber stellt er hinter den Kulissen die Weichen für eine Karriere nach der Karriere. Gemeinsam mit seinem Jugendfreund Erich Goldmann und den Nationalspielern Mirko Lüdemann und Stephan Retzer ist er Mitgesellschafter am Gesundheitszentrum »City Med« von Nationalmannschaftsarzt Andreas Gröger in München-Bogenhausen. In seiner Geburtsstadt Dingolfing tritt er gemeinsam mit der Kommune als Bauherr eines Ärztezentrums auf. »Das ist eine gute Finanzanlage und ein mögliches Standbein für die Zukunft«, sagt Marco Sturm.

Nach Karriereende Rückkehr nach Deutschland

Eines steht auf alle Fälle fest: »Nach meiner aktiven Karriere werde ich wieder nach Deutschland zurückkehren«, sagt der NHL-Profi. Trotz mittlerweile sieben Jahren in den USA fühlt er sich »nicht als Amerikaner«. Marco Sturm sagt: »Zuhause, bei Familie und Freunden, ist es doch immer wieder am schönsten. Und Zuhause bedeutet für mich Landshut und Deutschland.« Gut möglich, dass er auch dem Eishockeysport erhalten bleiben wird. Sein Vater Johann ist nebenberuflich als Spielerberater tätig. Nach Ende seiner aktiven Laufbahn wird Christian Künast in dessen Agentur einsteigen. Auch Marco Sturm kann sich ein derartiges Engagement vorstellen: »Die Idee stammt von meinem Berater Larry Kelly. Er wollte, dass jemand in Europa für ihn arbeitet und junge Talente betreut.«

Auffälligste Charakter-Eigenschaft von Marco Sturm ist die Bescheidenheit. Dies stellte Eishockey-Legende Erich Kühnhackl schon in dessen jungen Jahren fest: »Ihn zeichnen Werte aus, die ich in unserer heutigen Gesellschaft oft vermisse: Werte wie Freundlichkeit, Zurückhaltung und Disziplin.« Auch die bislang verdienten Millionen im US-Profigeschäft haben den inzwischen 25-Jährigen nicht verändert, bestätigt Jugendfreund Erich Goldmann: »Erfolg und Geld sind Marco nicht zu Kopf gestiegen. Er ist noch genau der gleiche wie vor zehn Jahren.« Der Niederbayer hat sich seine Authentizität bewahrt. Er trägt weder teuren Schmuck noch teure Klamotten, sondern wie früher T-Shirt, Jeans oder Shorts. Sein einziger Hang zum Luxus sind flotte und schnittige Autos. »Ich bin nicht der Typ dazu, abzuheben«, sagt Marco Sturm. »Sonst wäre ich schon gleich in meinem ersten DEL-Jahr nach oben geflattert.«

Auch in Training und Spiel prägt ihn die Bescheidenheit. »Marco ist zwar jünger als ich, aber trotzdem ist er schon jetzt eine Art Vorbild für mich. Und ich bin nicht der einzige, der so denkt«, sagte einst sein Mannschaftskamerad bei den San Jose Sharks, Jeff Friesen. »Ich liebe es, mit ihm zu spielen, denn er ist ein echter Mannschaftsspieler. Er denkt zuerst an die Defensive. Aber wenn sich in der Offensive die Chance ergibt, ist er auch sehr kreativ. Er hat die Schnelligkeit und die Hände, um auch dort Akzente zu setzen.«

Marco Sturm, ein Eishockey-Star mit reinem Image, ohne Skandale im Sport- und Privatleben – er wäre eigentlich wie geschaffen für die Werbeindustrie. Bereits 1999 interessierte sich Vermarktungs-Profi Peter Olsson für eine Zusammenarbeit. Der Schwede mit Wohnsitz in München vermarktet mit seiner Agentur »The Performers« unter anderem die Fußballer Michael Ballack, Oliver Bierhoff und Ottmar Hitzfeld sowie Popstars wie die No Angels und Sasha. Nach reiflichen Überlegungen lehnte Olsson allerdings ab. Begründung: »Das hat nichts mit Marcos Leistungen und seiner Person zu tun. Aber aus mehreren Gründen ist seine Attraktivität für Sponsoren nicht sonderlich groß.«

Nicht nur auf dem Eis schnell unterwegs: »Autonarr« Marco Sturm in seinem BMW Z 8

Star nur auf dem Eis

Hauptgrund sind die seltenen Auftritte von Marco Sturm im Nationalteam. »Dirk Nowitzki beispielsweise hat die meiste Popularität hierzulande gewonnen, als er in der Nationalmannschaft gespielt hat«, sagt Olsson. Der Vaterlandsdienst des Eishockey-Profis geschah bislang allerdings selten, bedingt durch Terminüberschneidungen mit dem NHL-Play off, Verletzungen, Vertragsverhandlungen und nicht zuletzt den zweijährigen Aufenthalt des DEB-Teams in der internationalen Zweitklassigkeit (die B-Weltmeisterschaften fanden parallel zur NHL-Vorrunde statt). Hinzu kommen der geringe Stellenwert der NHL beim deutschen Sport-Publikum, der sich bislang in Grenzen haltende, sportliche Erfolg der Sharks sowie die defensive Öffentlichkeitsarbeit des Deutschen Eishockey-Bundes (DEB). Hätten die Sharks einmal ernsthaft um die Meisterschaft mitgespielt: Das Interesse an dem Ex-Landshuter wäre vermutlich um ein vielfaches größer. Welche Dimensionen der Kult um Marco Sturm annehmen kann, zeigte jedenfalls das WM-Turnier 2001 in Köln, Hannover und Nürnberg, als er 14 Tage lang den Status eines Superstars innehatte.

Ansonsten beschränkte sich Marco Sturms Rolle als Star bislang auf die Eisfläche. Dem besten deutschen Eishockey-Profi der Gegenwart ist dies insgeheim auch recht. Er mag es nicht, im Vordergrund zu stehen. Seine Maxime: »Ich will nicht durch Worte überzeugen. Sondern durch Leistung auf dem Eis.«

19
STURM
19

Wayne Gretzky weiß, was gut ist!
www.eishockeynews.de
Eishockey NEWS
Jeden Dienstag neu!

Unsere Besten

Eishockey-Titel für Sie

P. Kränzle/M. Brinke

Eishockey verständlich gemacht

lieferbar!

128 Seiten, € 12,90 [D]

ISBN 3-7679-0554-X

International Hockey Archives

Action Kalender Eishockey 2005

€ 11,90 [D]

ISBN 3-7679-0856-5

lieferbar!

Impressum

Der Autor dankt folgenden Personen, ohne deren Mithilfe das Erscheinen des Buches in dieser Form nicht möglich gewesen wäre: Scott Emmert (Media Departement San Jose Sharks), Michael Neudecker (Journalist München), Johann Sturm

Eine Produktion des Copress-Teams, München

Lektorat: Pierre Sick

Produktion und Layout: Kommunikation + Design Andrea Pfeifer, München

Reproduktion: WM-Repro, München

Umschlaggestaltung: Stiebner Verlag GmbH

Titelmotiv: City-Press (vorne), Neno (hinten)

Abbildungen Innenteil: Billmayer, Bongarts, City Press, Imago, Neno, Rauchensteiner, Reisner, San Jose Sharks, Schopper, Sportimage, Sven Simon

Bibliografische Information Der Deutschen Bibliothek
Die Deutsche Bibliothek verzeichnet diese Publikation in der Deutschen Nationalbibliografie; detaillierte bibliografische Daten sind im Internet über <http://dnb.ddb.de> abrufbar.

Gesamtherstellung: Copress, München. www.copress.de

Printed in Germany by Kessler Verlagsdruckerei, Bobingen

ISBN 3-7679-0879-4